1등은 당신처럼 팔지 않는다

KONO ISSATSU DE SUBETE WAKARU EIGYOU NO KIHON

by Nobuhiro YOKOYAMA

ⓒ Nobuhiro YOKOYAMA 2019, Printed in Japan

Korean translation copyright ⓒ 2022 by Gilbut Publishers

First published in Japan by Nippon Jitsugyo Publishing Co., Ltd., Tokyo

Korean translation rights arranged with Nippon Jitsugyo Publishing Co., Ltd., Tokyo

through Imprima Korea Agency.

1등은 당신처럼 팔지 않는다

무조건 성공하는 영업의 10가지 원칙

요코야마 노부히로 지음 | 김은혜 옮김

더퀘스트

잘 파는 것이
무엇보다 중요한 시대

점점 더 '영업'이 시장에서 화두가 되고 있다. 대기업, 중소기업 할 것 없이 경영진은 "어떻게 하면 영업을 잘할 수 있을까?"라는 질문을 임직원에게 던지고 있고, 소상공인은 제품과 서비스의 품질 향상에 대한 노력에 더해 "어떻게 하면 새로운 고객을 찾고 그들과 지속적인 관계를 유지할까?"에 관해 고민하고 있다.

일선 영업직원뿐 아니라, 기업의 경영자와 소상공인 모두가 영업에 관해 대단한 관심을 보이는 이유는 무엇일까? 왜 영업이 갑자기 시장에서 관심을 가지는 단어가 된 것일까?

저성장 시대, 기업의 가장 주효한 전략

1970년대부터 지속된 한국의 고도 경제 성장기 이후 찾아온 저성장 시대는 무한 경쟁이라는 힘든 상황을 만들어냈다. 이러한 환경 변화는 경영자와 일선 영업직원 모두에게 큰 과제를 안겨주었다. 서울대 김현철 교수는 저서《어떻게 돌파할 것인가: 저성장 시대 기적의 생존전략》에서 20년 먼저 저성장 시대를 겪은 일본을 벤치마킹해 저성장 시대에 우리가 꼭 알아야 할 4가지 경영 생존 전략을 제시했는데, 그중의 중요한 전략으로 영업을 강조했다. 고도성장 시대에는 잘 만들기만 해도 판매가 됐지만, 저성장 시대에는 잘 만드는 것 이상으로 잘 파는 것이 대단히 중요해졌다. 제품의 품질을 신경 쓰는 것만큼이나 영업에 집중해야 하는 것이다. 그리하여 이 시대에 기업이 생존하기 위해서는 고객에 집중하여 매출과 손익을 창출하는 영업에 투자해야 한다.

거래문화 역시 크게 달라지고 있다. MZ세대들이 사회 전면에 등장하면서 공정성과 투명성이 큰 화두가 된 시대가 되었다. 2016년 발효된 '부정청탁 및 금품 수수에 관한 법률'인 일명 '김영란법'을 통해 시도되던 공정 거래문화는 사회 변화와 맞물려 점점 빠르게 정착되고 있다. 이는 영업 생태계에도 긍정적인 변화를 주고 있다.

예전에는 청탁과 외압으로 가능했던 영업의 행태가 많았다. 구시대의 영업 스타일이었다. 그래서 상대적으로 영업 실무자의 역량에 투자하는 것을 기업에서 크게 고려하지 않았다. 영업은 경영진과 로비스트를 통해 이루어지고 영업직원은 계약서 작성과 납기만 신경 쓰는 허드렛일만 하면 됐기 때문이다. 그러나 공정한 거래문화가 확립된 시장에서는 뛰어난 역량을 갖춘 영업직원의 채용과 개발이 무엇보다 중요해졌다.

저성장 시대, 그리고 공정함이 강조된 거래 문화의 발달 등으로 많은 기업들이 영업의 중요성, 영업 인재의 개발과 육성을 핵심 전략 중 하나로 삼고 있는 것이다.

영업은 타고나는 것이 아니라 역량이다

영업직원의 영업 역량이 기업의 성장 및 발전에 매우 중요한 요소이고, 그래서 제대로 개발되고 육성되어야 한다는 것은 오래전부터 다양한 연구들을 통해 증명되어 왔다. 1988년 미국에서 손꼽히는 영업마케팅 컨설팅 기업인 찰리그룹은 10만 명의 기업 구매 담당자에게 "당신은 어떤 기준으로 구매 기업을 선택하십니까?"라는 설문 조사를 진행했다. 놀랍게도 39퍼센트의 응답자가 '세일즈맨의 스킬'을 첫 번째로 선택했다. 구매자들이 구매 결정을 할 때 '가격', '브랜드', '품질'. '서비스'보다 '세일즈맨의 스킬'을 더 중시한다는 것이다. 오래전부터 역량을 갖춘 영업직원이 많은 기업이 성공할 수 있었던 비결이 바로 여기에 있었다.

영업 실력은 타고나는 것이 아니다. 스스로 배우고 개발해 증진

할 수 있는 것이다. 업무 역량의 개발은 대개 마케팅과 재무회계, 인사처럼 대학에서 '원론'을 배우고, 현장에서 경험을 쌓아가는 과정에서 이루어진다. 기업은 학문적 이론과 조직의 경험을 바탕으로 그 역량에 관해 정의 내리고 인재를 육성·관리한다. 아직 우리나라는 대학에서 영업을 가르치는 매우 초기 단계이고 기업과 개인도 역량으로 정의하고 관리하기보다는 개인기와 적성에 의존하고 있지만, 이 역시 곧 변화하리라고 본다. 반드시 영업 역량이 필요한 시대에 우리가 와있기 때문이다.

기본을 배워야 한다

그렇다면 영업 역량은 어떻게 키울 수 있을까? 개인기와 적성에 의존하는, 어깨 너머로 배우는 기술이 아니라 체계적인 학습과 현장 경험이 적절히 이루어져야 한다. 영업직원 개인은 영업의 의미와 역할부터 제대로 정의하고, 전략과 프로세스 등 체계적으로 정리하는 기본 지식을 습득하며, 현장에서 그것을 시도하고 자기화하는 과정을 충분히 거친 후, 자신의 고유성을 더해 자기만의 특화된 영업 기술로 승화시킬 수 있어야 한다. 그리고 기업은 조직에 맞는 영업 역량을 정의하고 직원의 역량 육성에 투자해야 한다.

이 책은 저성장 시대, 무한 경쟁 체제 아래에서 더욱 더 중요해진 '파는 것'과 '파는 사람'에 대한 기본을 정리한 책이다. 영업직원에게는 역량 개발에 필요한 토대와 실적 달성을 위한 기술을,

경영진과 임원에게는 성장의 활로를 위해 알아야 할 영업의 기본 전략을, 기업과 조직에게는 인재 육성을 위한 가이드라인을 제공한다.

잘 만들기만 해도 잘 팔리던 시대는 갔다. 잘 만드는 것 이상으로 잘 파는 것이 중요해진 지금, 꾸준한 목표 달성과 성장의 돌파구를 이 책에서 얻을 수 있길 바란다.

임진환
가천대학교 경영학부 교수
《영업은 배반하지 않는다》 저자

영업이야말로 세상에서 가장 크리에이티브한 일이다

'영업'은 한자로 경영할 영營에' 업 업業이라고 쓴다. 여기서 '업'은 사업을 말한다. 사업은 고객이 있어야 성립한다.

기업 활동에서 영업은 고객과 접점을 갖는 중요한 직종이다. 그럼에도 불구하고 영업을 체계적으로 정리한 학문과 이론은 없다. 대학에서 경영, 경제, 마케팅을 전공하기도 하지만 영업을 전문적으로 배울 기회는 없는 것이다.

많은 전문가가 영업을 전문 과목으로 체계화하기 위해 힘쓰고 있지만 아직까지 실현되지 않았다. 목표 달성을 지원하는 영업 컨설턴트의 입장에서 영업의 특성을 객관적이고 체계적으로 정리하고자 이 책을 집필했다.

의외로 많은 영업사원

영업·판매직 분야에서 일하는 사람이 얼마나 될까? 일본의 후생노동성은 '직업안정법 제15조' 규정에 근거해 직업을 분류하고 있다. 이 직업 분류에 의하면 일본의 취업자 수 6,530만 명 중 판매직 종사자(영업사원)는 862만 명(13.2퍼센트)에 달한다(일본 총무성 '2017년 노동력조사' 참조).

IT의 발전으로 소비자가 물건을 직접 구매하는 경우가 증가하면서 영업직 종사자 수가 감소세를 보인다는 보도도 있었지만, 영업은 모든 직종에 걸쳐 있기 때문에 다른 직종보다 취업자 비율이 높다.

영업에 대한 선입견

한편 영업은 취업자 수에 비해 기초 교육이 체계화되어 있지 않은 보기 드문 직종이기도 하다. 관련된 기술 체계가 정리되어 있지 않은 탓인지 영업을 무시하거나 다음과 같은 잘못된 인식을 가진 경우가 많다.

- 물건을 파는 일이다
- 고도의 지식이나 교육을 받지 않아도 된다

- 발로 뛰는 육체노동이다
- 고객에게 고개를 숙여야만 하는 힘든 일이다

데이터를 활용해 전략을 세우고 전략을 무기로 우아하게 영업하는 조직도 있지만, 여전히 '영업은 궂은일'이라고 생각하는 사람이 많다.

또한 경리, 인사, 총무, 홍보 등 본사의 백 오피스 업무나 마케팅, 상품 기획 업무에 비해 전문성이 낮다거나 고도의 지식이 필요하지 않다고 생각하는 경우도 있다.

그렇다면 앞으로 사회에 나올 학생들은 영업직을 어떻게 생각하고 있을까? 한 취업 사이트에서 대학생 남녀 399명을 대상으로 '영업에 대해 갖고 있는 이미지'에 관한 설문 조사를 실시했다 (2016년 3월 9일~2016년 3월 15일 실시).

'영업을 하고 싶나요? 아니면 하고 싶지 않나요?'라는 질문에 다음과 같은 결과가 나왔다.

- 하고 싶지 않다 88.3%
- 하고 싶다 11.6%

'할당률을 채워야 하는 부담감이 싫다', '계약 체결을 위해서라면 상대방 기분에 무조건 맞춰야 하는 어려운 일이다', '모르는 사람과 대화를 나누는 것 자체가 힘들다' 등의 이유로 약 90퍼센트에 달하는 대학생이 영업을 '엄청난 스트레스를 받는 일'이라고 생각한다는 사실을 엿볼 수 있다. 대학생들이 이러한 선입견(편견)을 갖게 되는 이유 중 하나는 대학의 경영학부, 상경학부, 경제학부 어디에도 영업을 체계적으로 가르치는 과목과 교재가 없기 때문 아닐까?

이처럼 부정적인 선입견이 생기는 이유는 영업이라는 직종을 잘 모르기 때문이다. 예전에 청년해외협력기구에 참가한 적이 있다. 개발도상국가의 사람들은 일본이라는 나라를 잘 몰랐다. 나는 그곳 사람들에게 "당신은 가라테를 합니까?" "브루스 리의 친구입니까?"라는 질문을 자주 받았다.

'영업'이라고 하면 지금도 많은 사람이 '강제로 상품을 파는 사람', '할당률을 채워야 하는 일'이라고 생각하는데, 이것은 '일본인=가라테'라고 생각하는 사고방식과 같다. "최근 일본에서는 가라테보다 축구의 인기가 높습니다."라고 말하면 중남미 사람들은 크게 놀란다. 영업을 모르는 사람에게 "최근에는 강제로 상품을 판매하는 영업사원은 찾아보기 힘듭니다."라고 말하면 놀라는 것과 별반 다르지 않다.

영업은 누구나 할 수 있는가

또한 많은 경영인 그리고 많은 사업가가 영업은 누구나 할 수 있는 일이라고 착각한다. 분명 영업은 특별한 학교를 나오지 않아도, 특별한 자격이 없어도 할 수 있다. 그래서 영업사원이 되려고 마음먹으면 누구나 될 수는 있지만, 누구나 '될 수 있다'고 해서 누구나 '할 수 있는 것'은 아니다.

영업사원으로서 성과를 올리기 위해서는, 즉 영업을 '할 수 있게' 되기 위해서는 영업의 본질을 이해하고 훈련을 통해 지식을 갈고닦아야 한다.

영업은 어떻게 보면 스포츠와 닮아 있다. 꾸준한 훈련이 필요하며 어느 직종보다 목표가 명확하기에 목표를 달성했을 때 기대 이상의 행복을 맛볼 수 있다. 또한 기업의 선두에서 활약하는 플레이어로서 드라마틱한 인간관계를 만들어갈 수 있다. 고객과 가장 가까운 곳에서 일하기 때문에 힘들게 고생하는 만큼 기쁨도 큰 직업이다.

인생을 윤택하게 만드는 두 가지 능력

영업을 하다 보면 인생을 윤택하게 만드는 두 가지 능력을 얻게 된다.

첫 번째는 '커뮤니케이션 능력'이다. 영업사원에게는 인간관계를 좋게 만들고 상대방과 관계를 구축하는 능력이 매우 중요하다. 커뮤니케이션 능력은 영업의 범주에만 그치지 않고, 이후에 다른 직업을 선택하건 이직을 하건 사람을 만날 때 꼭 필요한 능력이다. 왜냐하면 인간은 더불어 살아가기 때문이다.

두 번째 능력은 '창의력'이다. 영업은 창의적인 일이다. 왜냐하면 정해진 기간 안에 정해진 목표를 달성할 수 있는가 없는가는 개인의 능력에 달려 있기 때문이다. 판매하는 상품과 정해진 목표는 다르지만 기간과 시간은 평등하게 주어진다. '목표의 달성 여부'를 판단하기 때문에 누가 봐도 객관적인 평가가 가능하다. 창의력의 차이에 따라 결과가 크게 달라지는 직업이라고 할 수 있다.

또한 과거의 명예나 지위에 관계없이 결과로 인정받는 이상적인 세계다. 외부 환경의 변화 속에서 다양한 사고와 가치관을 가진 고객과 교섭하고, 차곡차곡 실적을 쌓아가며 목표를 달성한다. 다른 직업과 비교했을 때 영업만큼 창의적인 직업은 없다.

영업만큼 전문적이고 지적인 일은 없다.
영업만큼 노력이 결과로 이어지는 일은 없다.
영업만큼 인생을 윤택하게 만드는 일은 없다.
그러니 이 책을 통해 먼저 '영업의 기본'을 배우길 바란다.

이 책은 영업의 정의와 분류로 시작한다. 정의를 읽은 다음에 본문을 읽어야 빠르게 이해할 수 있으므로 앞부분부터 읽기를 바란다. 만약 영업 방식, 관리, 구조가 먼저 알고 싶다면 궁금한 목차부터 펼쳐서 읽어도 좋다.

차례

제1장 모든 비즈니스는 영업에서 시작된다 – 영업이란?

제 6 장　　영업은 발로 하는 것이 아니라 머리로 하는 것 – 영업의 전략

제 7 장　　결과로만 말하라 – 영업의 매니지먼트

제 8 장   시간 단위가 아니라 성과 단위로 생각하라 – 영업의 생산성

제 9 장   SFA 도입을 적극 고려하라 – 영업 관리 시스템(SFA)

제 10 장 **계속 성장할 수 있는 환경에 머물러라 – 영업의 적성**

제1장

모든 비즈니스는
영업에서 시작된다

영업이란?

1

고객의 이익을 지원하고
정당한 대가를 받는다

영업의 정의

영업은 고객과의 관계를 이어가는 중요한 직종

영업직에 종사할 때는 우선 영업의 이론과 기본을 배워야 성과를 올릴 수 있다. 그러기 위해서는 먼저 영업이 무슨 일을 하는지, '영업의 정의'를 명확하게 알아야 한다. 정의를 정확하게 이해하지 못하면 영업의 행위 자체가 모호해지고, 효율성이 떨어져 원하는 성과를 얻을 수 없다. 나는 영업을 다음과 같이 정의한다.

> **영업의 정의**
>
> 영업이란 '고객'의 '이익'을 지원하고 '정당한 대가'를 받는 일.
> 영업은 ① 고객 ② 이익 ③ 정당한 대가, 세 가지 요소로 나뉜다.

① 고객

대상(=고객)은 영업사원이 제공하는 가치(상품, 서비스 등)를 평가한 후 '정당한 대가'를 지불하는 사람이다.

영업사원은 자신의 회사가 취급하는 상품과 서비스를 '원하는 사람'이 누구인지를 생각해야 한다. 모든 소비자가 고객이 되는 것은 아니다. 예를 들어 수입차를 판매하는 자동차 영업사원의 고객은 수입차 구매를 검토하는 사람이다. 수입차 구매를 염두에 두지 않은 사람(국산차 구매만 고려하는 사람)은 기본적으로 대상에서 제외된다.

② 이익

이익은 고객이 '원하는 상품', '얻고자 하는 결과'다. 고객의 이익에는 고객이 원하는 수준이 존재한다. 영업사원은 고객이 원하는 수준에 맞춰 제안 방식을 바꿔야 한다.

예를 들어 자동차를 구매하려는 사람마다 원하는 자동차의 사

양이 다르다. 고급 수입차를 사고 싶은 사람과 국산 경차를 사고
싶은 사람의 취향은 서로 다르다. 영업사원은 자신이 팔고 싶은
상품과 서비스를 제안하는 것이 아니라 고객이 원하는 수준에 맞
춰 제안해야 한다.

영업사원은 회사의 상품과 서비스를 판매하는 사람이 아니다.
고객이 가진 문제를 발견하고, 함께 해결 방법을 고민하는 파트너
다. 영업에서 중요한 것은 '고객의 이익'을 찾은 다음 구매로 유도
하는 일이다. 고객의 신뢰를 얻기 위해서는 고객의 니즈needs와 문
제를 발견하고, 이를 해결했을 때 얻게 되는 이점(=상대방이 얻는
이익)을 명확하게 전달해야 한다.

③ 정당한 대가

정당한 대가는 제공하는 가치에 대한 '적절한 보수'를 말한다.
영업을 하다 보면 점유율과 할당량을 달성하기 위해 가격을 쉽게
할인해주기도 한다. 그러나 정당한 대가를 받지 않으면 회사에 남
아야 할 이익(매출총이익)이 낮아진다. 제안부터 납품, 보수(정당한
대가)를 받는 것까지가 영업의 일이다.

영업 활동을 적확하고 명확하게 하기 위해서는 '고객은 누구인
가?', '이익이란 무엇인가?', '정당한 대가란 무엇인가?(대가를 알맞
게 회수했는가?)'를 알아야 한다. 대개 영업 활동이라 하면 고객을

설득하거나 고객과 교섭하는 일, 즉 '팔아치우기'라고 생각한다. 그러나 영업 활동에서 가장 중요한 것은 고객을 찾고 고객의 이익 (무엇을 원하는가, 어떤 문제를 해결하고 싶어 하는가)을 발견하는 과정이다.

2

영업은 기업의
신뢰 관계를 보완한다

영업의 역할과 중요성

기업의 신뢰 관계를 보완하다

영업은 고객과 기업의 신뢰 관계를 보완하는 일이어야만 한다. 소
비 활동에서 고객은 '기업'과 '상품·서비스'에 대한 신뢰도를 따
진다. 예를 들어 '애플 마니아(애플 제품을 우수하게 평가하고 애용하
는 사람)'라 불리는 사람들의 대다수는 아이폰 같은 애플의 제품을
좋아할 뿐 애플 스토어의 직원(영업사원)을 좋아하는 것이 아니다.

직원이 누구든, 다시 말해 애플 제품을 판매하는 사람이 누구든 아이폰을 구매할 수 있다면 그들의 관점에서 이익이 된다. 아이폰과 경쟁사의 스마트폰 성능이 우열을 가리기 어렵고 구매의 결정적 이유를 발견하지 못했을 때 판매사원의 친절함으로 선택하는 경우도 있다. 하지만 기본적으로 기업에 대한 신뢰는 상품·서비스에 대한 신뢰로 이어진다.

그런데 기업에 대한 신뢰도는 시대에 따라 변하기 마련이다. 예를 들면 신뢰도가 떨어지거나 상품의 매력이 사라지기도 하는데, 주요 고객층의 고령화가 이유가 되기도 한다.

기업은 브랜드와 상품의 매력을 일정 수준으로 유지하기 위해 끊임없이 노력한다. 그런데 수십 년 동안 기업을 운영하다 보면 외부 환경의 변화로 인한 흥망성쇠를 경험하게 된다.

가령 일시적으로 브랜드의 힘이 약해졌다 해도 기업과 시장을 직접 연결하는 영업사원이 약해진 부분을 보완할 수 있다. 기업 브랜드나 상품으로 차별화할 수 없다면 영업의 힘으로 보충하는 방법이 가능하다. 차별화하기 어려운 상품을 다루는 기업일수록 영업의 힘에 의존하게 되는 이유는 기업, 상품, 영업이라는 세 가지 요소로 힘의 균형을 맞추기 때문이다.

전달자로서의 영업사원

이전의 영업사원은 '정보 전달자(상품 전달자)' 역할을 담당했다. 예를 들어 자동차 회사의 영업사원은 "신제품이 출시되었습니다." 라며 최신 카탈로그를 전달하기만 해도 고객이 충분히 만족 했다.

그러나 고도 정보화시대에 들어서면서 영업사원의 정보 제공 기능은 가치가 거의 사라졌다. 인터넷이 보급됨에 따라 고객도 최신 정보를 쉽게 얻을 수 있게 됐기 때문이다.

새로운 자동차를 구매하려는 고객은 자동차를 보러 매장에 가기 전에 해당 회사의 홈페이지에서 PDF 카탈로그를 내려받아 사양을 확인한다. 인터넷 커뮤니티도 활성화되어 있어 구매하려는 차종의 장점과 단점을 실구매자의 목소리를 통해 미리 확인할 수 있다.

이처럼 영업사원을 만나기 전에 이미 상품과 서비스에 대한 정보를 충분히 알고 있는 경우가 많다. 따라서 '이 카탈로그를 보시면' 정도의 설명밖에 하지 못하거나 매뉴얼대로밖에 대응하지 못하는 영업사원은 고객과 올바른 관계를 구축할 수 없다. 고객은 자신이 얻을 수 있는 정보를 전달만 하는 사람을 필요로 하지 않는다.

영업사원에게 필요한 고객의 관점

영업사원은 '고객의 관점'을 가져야 한다. 고객의 관점에는 '고객이 정말로 원하는 이익이 무엇일까?'라는 니즈뿐만 아니라 '이 상품을 고객에게 제안하기 위해서는 어떻게 해야 할까?'라는 전략적 의미도 포함되어 있다.

고객이 이 상품과 서비스를 손에 넣었을 때 어떤 생활이 가능해질지, 업무 효율성과 기업의 생산성이 얼마나 높아질지를 그려보게 하는 것이 영업사원의 역할이다. 모든 사람에게 동일한 방식으로 상품을 팔아도 된다면 인간이 아닌 인공지능AI을 탑재한 로봇에게 영업을 맡기면 된다.

약국을 예로 들어보자. 복통을 호소하는 고객이 약국을 찾았다. 이때 약사는 단순히 복통 약을 전달하지 않고 어떻게 아픈지, 혹시 폭식을 하지는 않았는지, 바이러스에 감염된 것은 아닌지, 스트레스 때문은 아닌지, 어디에 강하게 부딪친 것은 아닌지 등 고객의 상태를 묻고 증상에 맞춰 약을 처방한다. 영업도 이와 마찬가지다.

앞에서 정의했듯이 영업은 고객의 이익을 지원해야 한다. 따라서 영업사원은 다음 도표와 같이 고객이 원하는 수준에 맞춰 시행착오를 되풀이해야 한다.

'이 고객에게는 어떤 이야기를 하면 좋을까?'

영업사원에게 필요한 '고객의 관점'

제안한 상품과 서비스가 고객의 손에 쥐어졌을 때
'어떤 생활이 가능해질까?', '업무 효율성과
기업의 생산성이 얼마나 높아질까?'를 떠올린다

↓

'이 고객에게는 어떤 이야기를 하면 좋을까?'
'어떤 제안을 하면 고객의 마음을 움직일 수 있을까?'
'어떻게 설명하면 이 상품의 장점을 알아줄까?'
와 같이 고객의 수준에 맞춰 시행착오를 반복해야 한다

↓

· 고객에게 필요한 부가가치(문제의 조기 발견과 당장의 해결책)를 제공하는 존재
· 단순한 '정보 전달자'는 AI로 대체된다

'어떤 제안을 하면 고객의 마음을 움직일 수 있을까?'

'어떻게 설명하면 이 상품의 장점을 알아줄까?'

고객과 기업의 신뢰 관계를 보완하기 위해 영업사원이 해야 할 일은 정보 제공이 아니다. 고객에게 필요한 부가가치(문제의 조기 발견과 당장의 해결책)를 제공해야 한다. 그리고 난 후 회사와 고객의 관계를 구축한다. '정보 전달자'에 불과한 영업사원은 이후 인터넷과 AI로 대체될 것이다.

영업이 불황에 강한 이유

일반적으로 우수한 비즈니스맨이라고 하면 '일을 잘하는 사람'이라고 생각한다. 이 세상에 '일을 잘하는 사람'과 '일을 잘 만드는 사람', 두 부류의 사람이 있다면 어떻게 될까? 제아무리 일을 잘하는 사람이라도 눈앞에서 일이 사라지면 할 수 있는 일이 없다. 예를 들어 유명 학원 강사라도 가르칠 학생이 학원에 오지 않는다면 능력을 발휘할 수 없다.

영업에서는 일을 가지고 오는 것이 일이다. 항상 일이 있을 거라고 생각하는 사람은 영업의 가치를 정확하게 이해하지 못한 것이다. 그런 유형의 사람이 자신의 회사를 세웠을 때 가장 먼저 맞닥뜨리는 벽이 바로 '영업'이다. 제아무리 일을 잘하는 사람이라도 일은 자연스럽게 생기지 않기 때문이다.

2008년 9월 15일 미국의 투자은행 리먼브라더스홀딩스가 파산하면서 연쇄적으로 글로벌 금융위기가 발생했고, 이로 인해 일본의 많은 제조업이 경쟁력을 잃었다.

내가 운영하는 어택스 세일즈 어소시에이츠Attax Sales Associates의 본사가 있는 일본 아이치현은 제조업 비중이 크게 두드러지는 지역이다. 자동차산업을 비롯해 철강·섬유·유기제품·석유화학·플라스틱 등 다양한 제조업이 폭넓게 집적되어 있던 탓에 리먼 사태 후 경기가 하향 국면에 들어서자 수출 성장이 전국에서 가장 큰 폭으로 떨어졌다. 지역의 근간 산업이었던 자동차산업이 엄청난 역풍을 맞았고 심각한 경제 부진에 휩싸였다. 공장의 조업이 정지되었고, 생산 조정이 시작되자 제조 부문 근로자는 큰 타격을 입었다.

그러나 나는 불황 속에서도 영업 부문 근로자(영업사원)의 일은 절대로 사라지지 않을 것이라고 확신한다. 왜냐하면 영업의 근본은 '판매'가 아닌 회사와 거래처(자신과 거래처 담당자)의 '관계 구축'이기 때문이다.

기업에서 영업의 역할은 '일 만들기'다. 일 만들기란 앞에서 이야기했듯이 '고객으로부터 일을 가지고 오는 것'이다. 일을 만들기 위해서는 고객과 자주 만나 대화를 나누며 관계를 구축해야 한다. 그래서 회사와 거래처의 연결 고리인 영업사원의 역할이 중요하다.

3

IT 시스템의 도입으로
업무가 확장되다

오늘날의 영업

IT 시스템은 양날의 검

최근에 생산성 향상과 노동시간 단축을 위해 많은 기업에서 IT 시스템을 적극적으로 도입하고 있다. IT 시스템은 생산성 향상의 한쪽 날개를 담당한다. 그러나 잘못 사용하면 오히려 생산성이 떨어지는 양날의 검이라는 사실도 기억해야 한다.

우수한 IT 시스템을 도입했어도 정보를 입력하는 데 시간을 뺏기는 등 사용 자체가 목적이 되면 효율화는 정반대 방향으로 흘러가게 된다. 영업 활동은 고객과의 '대면'이 기본임에도 불구하고 메일 작성에 오전 시간을 전부 쓰거나 프레젠테이션 자료를 꾸미는 데 시간을 소요하는 등 컴퓨터 작업에 하루의 대부분을 사용하다 보면 '일 만들기(일 가져오기)'나 '기업과 고객의 신뢰 관계를 구축하고 보완하는 업무'는 수행할 수 없다.

IT 시스템이 영업 현장에 도입되기 시작한 것은 1990년대 중반 이후다. 2000년부터 영업사원 1명에게 1대씩 컴퓨터가 배정되면서 영업의 업무 방식이 크게 달라졌다.

컴퓨터의 도입은 비즈니스 환경을 바꾼 전환점이 되었다. 메일 송수신, 프레젠테이션 자료 만들기, 제안서 작성, 견적서 작성, 관리 시스템 정보 입력 등 컴퓨터가 도입되면서 영업의 업무가 다방면으로 증가했다.

하지만 나는 지금까지 영업 현장에서 IT 활용 실패 사례를 수없이 많이 보았다. 컨설팅을 담당했던 회사의 사장으로부터 "태블릿을 도입하자는 목소리가 영업 현장에서 나오고 있어요. 요코야마 씨는 어떻게 생각하세요?"라는 연락을 받았다. 영업 현장의 목소리는 이러했다.

"태블릿이 있으면 두껍고 무거운 제품 카탈로그를 들고 다니지 않아도 되고, 제품을 곧바로 검색할 수 있어 편리합니다. 클라우드에 제품 정보를 저장해두면 고객이 원하는 사양에 맞춰 그 자리에서 바로 상품을 보여줄 수도 있습니다."

틀린 말은 아니다. 해당 회사의 제품군이 다양했기 때문에 클라우드에 제품 정보를 저장해두고 싶다는 의견도 충분히 이해할 수 있었다. 그러나 종이 카탈로그의 대체가 목적이라면 제품 카탈로그 열람과 프레젠테이션 기능이 들어간 전자기기만으로도 충분히 대체할 수 있기 때문에 태블릿을 도입할 필요는 없다. 그러나 영업사원들은 태블릿 도입에 열을 올렸다.

나는 그들의 모습에서 본심을 읽었다. '회사 밖에서 메일을 확인할 수 있어서 좋습니다. 프레젠테이션용 단말기로는 확인이 불가능합니다', '인터넷을 이용할 수 없으면 불편합니다', '동영상이나 음악 재생이 가능하면 프레젠테이션을 진행할 때 많은 도움이 됩니다'라며 뜻을 굽히지 않는 데는 '숨어서 놀고 싶은' 심리가 숨어 있었다.

스마트폰이나 태블릿이 생산성 향상에 공헌하는 한편, 업무 시간에 '노는' 영업사원이 늘어난 것 또한 사실이다. 매장이나 공장, 물류 현장에서 일하는 사원들과 달리 영업은 이동이 많아 시간적으로 자유로운 직종이기 때문이다.

예전에는 커피숍에서 커피를 마시면서 한참 동안 스포츠신문을 읽고 있는 사람을 보면 근무시간에 놀고 있는 것으로 간주했다. 최근에는 카페에서 노트북이나 태블릿을 보며 무언가에 열중하고 있는 정장 차림의 사람을 자주 볼 수 있다. 신문을 보고 있으면 대놓고 노는 것처럼 보이겠지만 노트북 화면을 보고 있는 사람은 무언가 중요한 일을 하는 것처럼 비친다. IT 기기의 보급으로 업무 시간에 노는 방식도 달라졌다.

나는 IT 시스템이 영업사원의 역량을 측정하는 시금석이 될 것이라고 생각한다. 앞으로는 IT 시스템을 도입한 회사가 이기는 것이 아니라 IT를 자유자재로 쓰는 회사(영업사원)가 비즈니스를 제패하는 시대가 될 것이다.

시스템의 진화와 별개로 영업사원은 고객의 관점을 생각해야 한다. 시스템을 활용해 고객과 관계를 이어가고 고객의 이익에 공헌하면 좋겠지만, 그렇지 않으면 IT 시스템에 휘둘리게 된다. IT 시스템 너머에 무엇이 있는지 곰곰이 생각해보고 사용해야 한다.

4

영업은
사라지지 않는다

마케팅의 진화와 영업

이상적인 마케팅은
판매를 불필요하게 만드는 것

경영학의 아버지, 매니지먼트의 권위자로 불리는 경영학자 피터 드러커Peter Drucker는 《피터 드러커·매니지먼트》에서 "이상적인 마케팅은 판매를 불필요하게 만드는 것이다."라고 말했다. 상품과 서비스가 넘치는 요즘 시대에 마케팅 지식을 정확히 이해하고 실천하면 경쟁에서 우위를 선점할 수 있다.

그런데 나는 마케팅의 기능이 진화하더라도 영업은 사라지지 않는다고 생각한다.

피터 드러커는 "이상적인 마케팅은 판매를 불필요하게 만드는 것이다."라고 말하는 한편 그에 앞서 "판매는 필요하다." "진정한 마케팅은 고객에서 시작한다."라고 말했다.

원문을 살펴보면 '판매'에 해당하는 표현으로 '셀링selling'이라는 단어를 사용한다. 풀어보면 '장사'와 '설득'에 가까운 표현이다. 대개 영업 활동은 고객과의 관계 구축이나 상품 안내, 제안, 절차 대행 등에 시간을 할애한다. '설득'과 '장사'가 영업 활동에서 차지하는 비율은 1퍼센트도 되지 않는다(일반 영업직 1일 평균 노동시간에서 영업 활동의 비율은 평균 40퍼센트 정도를 차지하며 그 외 60퍼센트는 영업 활동과 직접적으로 연관되지 않은 간접 업무, 사무 업무에 해당한다).

매일같이 우수한 마케팅 활동을 펼치다 보면 고객에게 상품을 팔고 설득할 필요가 없어질지도 모른다. 하지만 불필요한 부분은 이 부분뿐이라고 할 수 있다.

'영업은 무엇일까?'와 '마케팅은 무엇일까?'를 생각하는 과정이 서로 밀접하게 연관되어 있으므로 이쯤에서 간략하게 정리해보겠다.

1960년에 미국의 제롬 매카시Jerome McCarthy 교수가 주장한 '4P 이론'을 통해 마케팅을 살펴보면 이해하기 쉽다.

4P 이론	
제품 (Product)	가격 (Price)
판매 촉진 (Promotion)	유통·채널 (Place)

제롬 매카시는 마케팅 믹스(마케팅 전략 목표를 달성하기 위해 이용 가능한 시스템의 조합)의 구성 요소를 '4P'라는 개념으로 설명한다.

마케팅이 곧 프로모션이라고 착각하기 쉬운데 마케팅은 프로모션 전략뿐 아니라 제품 전략, 가격 전략, 유통··채널 전략을 모두 포함한다.

영업에서 어떤 고객에게, 어떤 상품을, 어떤 가격과 방식으로 판매할 것인가를 생각하면 이해하기 쉽다. 제2장 '영업의 분류'에서 자세히 설명하겠지만 영업의 업무를 어디부터 어디까지 담당하느냐에 따라 필요한 기술과 아이디어의 폭이 달라진다. 주로 개인 고객을 대상으로 영업하는 사람(B2C 영업)은 제품이나 가격, 프로모션 전략에 큰 차이가 없다. 보험 판매의 경우 고객에게 소개하는 보험 상품, 가격 그리고 판매 방식(전단지나 팸플릿 등)에 자율성이 떨어져 영업사원의 재량으로 변경하는 일은 거의 불가능하다.

그런데 시각을 조금만 바꿔 생각하면 영업은 회사가 제공하는 제품의 특성에 맞춰 고객을 찾고 관계를 구축하며 상품이나 서비스를 제안하고 판매하는 데 온 힘을 쏟을 수 있다.

한편 법인 고객을 대상으로 영업하는 사람(B2B 영업)은 제품, 가격, 프로모션 등 전반에 걸쳐 다양한 아이디어를 모아야 한다. 예를 들어 고객이 IT 기업인 경우, 고객을 찾는 일뿐만 아니라 찾아낸 고객과 관계를 구축하면서 고객의 업무를 이해하는 데 힘써야 하고, 어떤 시스템을 제안해야 고객의 업무가 개선되는지 생각해야 한다. 이때 제안하는 상품이 처음부터 정해져 있는 것은 아니다. 금액 또한 책정되어 있지 않다. 더군다나 제품 전단지나 팸플릿도 없기 때문에 스스로 구상한 제안 내용을 서면으로 작성해 제안서로 정리하거나 프레젠테이션을 통해 고객을 설득해야 한다.

앞서 이야기한 피터 드러커의 "이상적인 마케팅은 판매를 불필요하게 만드는 것이다."라는 말을 영업의 정의를 정확하게 이해하지 못한 사람이 들으면 이렇게 해석한다.

"제대로 된 마케팅을 하면 영업직은 필요 없다."

영업직이 필요한 이유는 마케팅이 제대로 되어 있지 않아서라고 생각하기 때문이다. 그러나 영업과 마케팅이 각각의 기능을 잃어서는 안 된다. 영업이 업무 범위를 어디까지 담당하고, 마케팅이 어디까지를 담당할 것인가는 업종과 회사마다 다르다. 그렇기 때문에 영업의 올바른 정의를 이해하는 것이 중요하다.

5

영업, AI로
대체될 것인가

AI 도입과 영업

고도의 컨설팅을 동반한 영업·판매직은 증가

일본 경제산업성은 2016년 4월 'AI 및 로봇 등 기술혁신에 적절히 대처하지 않으면 2030년에는 일본의 노동 인구가 2015년도보다 735만 명 감소할 것'이라는 예측을 발표했다.

해당 발표에서는 '현상 방치 시나리오'와 '변혁 시나리오'라는 두 가지 패턴을 제시했다. 예를 들어 변혁 시나리오에 따르면 '고도의 컨설팅을 동반한 영업·판매직'은 2030년도까지 114만 명 증가할 것으로 예상된다. 빅데이터를 활용해 고객의 수요를 파악하면 새로운 서비스를 창출할 수 있기 때문에 이러한 기술을 활용할 수 있는 사람이 더욱 필요하다는 분석이다.

한편 현상 방치 시나리오에서는 빅데이터를 활용하여 새로운 고객 서비스를 창출하지 않을 경우 '고도의 컨설팅을 동반한 영업·판매직'은 더 이상 확산되지 않으며, 근로자 수도 62만 명 감소할 것이라고 예상했다. 또한 마트 계산원 등 저부가가치 직종은 변혁 시나리오와 현상 방치 시나리오에서 모두 60만 명 이상 감소가 불가피하다고 전망했다.

AI로 대체되는 일, 대체되지 않는 일

호텔 프런트 직원, 마트 계산원처럼 거의 하나의 업무만을 수행하는 경우 혹은 매뉴얼대로 정보만 전달하면 되는 업무(전달자로서의 영업사원)는 AI 등 신기술에 의해 대체될 가능성이 크다. 그러나 영업의 업무는 그 정도로 단순하지 않다. 영업은 단지 고객이 원하는 제품을 판매하기만 하는 것이 아니다.

나는 이전에 〈AI(인공지능)에게 빼앗긴 것은 '일'이지 '직업'이 아니다〉라는 인터넷 칼럼에서 영업의 가능성을 언급한 적이 있다.

"복수의 업무로 구성된 영업직의 경우 AI와 로봇이 진화한다 하더라도 쉽게 대체되지 않을 것이다. 창의성creativity과 접대hospitality 업무가 복잡하게 얽혀 있는 직업이기 때문이다."

영업은 단순히 상품만 소개하거나 '판매'하는 것이 아니다. 고객의 눈이 되어 고객의 실제 생활을 떠올려보고, 고객의 시선으로 문제를 바라보는 상상력이 필요하다. 영업의 업무를 분류해보면 셀 수 없을 정도의 많은 업무로 구성되어 있다는 사실을 알 수 있다.

애초에 같은 '영업'이라 하더라도 세상에는 수많은 종류의 영업 업무가 존재한다. 영업이 제공하는 가치의 높낮이로 분류하면 다음과 같다.

영업이 고객에게 제공하는 가치 레벨

· 레벨 1

고객의 니즈에 상관없이 상품을 소개하고, 고객이 마음의 결정을 내리면 계약 절차를 밟는다.

· 레벨 2

고객의 니즈에 맞춘 상품을 제안하고, 고객이 마음의 결정을 내리면 계약 절차를 밟는다.

- 레벨 3

고객의 잠재적 니즈를 현실화하고 그 니즈에 맞춘 상품을 제안한 후, 고객이 마음의 결정을 내리면 계약 절차를 밟는다.

- 레벨 4

평상시 자주 만나 신뢰 관계를 구축하고, 고객이 경계심을 허물었을 때 알게 된 잠재적 니즈를 현실화하여 그 니즈에 맞춘 상품을 제안한 후, 고객이 마음의 결정을 내리면 계약 절차를 밟는다.

- 레벨 5

고객의 조직을 파악하고 핵심 인물을 특정한 후 그 인물과 평상시 자주 접촉하여 신뢰 관계를 구축한다. 고객이 경계심을 허물었을 때 알게 된 잠재적 니즈를 현실화하여 그 니즈에 맞춘 상품을 사내에서 개발할 수 있는지 의논한 후, 적절한 타이밍에 핵심 인물을 포함한 결정권자에게 제안, 해당 기업의 엔지니어와 임원에게 설명한다. 망설이고 있는 고객을 설득해 고객이 마음의 결정을 내리면 계약 절차를 밟는다.

고객에게 고부가가치를 제공하는 영업직의 경우 그 업무가 셀수 없을 만큼 다양하며 입체적으로 구성되어 있다.

특히 고도의 컨설팅 영업일수록 창의성과 접대가 필요하므로 시간을 들여 고객과 마음의 거리를 좁히고 관계를 쌓으며, 마침내 상대방이 '들을 준비'가 되었을 때 상담을 진행해 잠재적 니즈를 이끌어내는 과정이 필요하다.

비교적 간단한 절차의 업무라면 몰라도, 위와 같은 과정이 AI로 대체되는 일은 당분간 일어나지 않을 것이다.

미즈호은행은 IBM의 'IBM 왓슨'을 콜센터 지원 시스템에 활용하고 있다. IBM 왓슨은 고객과의 대화를 듣고 실시간으로 추천 답변을 모니터 화면에 띄워주는 상담사 지원 시스템이다.

과거에는 고객이 질문하면 상담사가 매뉴얼을 확인한 후 답변했지만, IBM 왓슨 도입 후에는 추천 답변이 자동으로 화면에 표시되면서 고객의 대기 시간이 큰 폭으로 감소했다. 그 결과 통화 시간이 단축되었다.

IBM 왓슨은 추천 답변을 화면에 표시할 뿐 최종 판단은 인간이 한다. 제안해야 할 상품 선택(추천 답변 후보 선정)은 AI에게 맡긴다. 한편 인간은 AI가 만든 시간적 여유를 활용해 고객의 마음에 한층 더 다가가 공감과 위로의 말을 건넨다. 이러한 공감과 위로는 오직 인간만이 할 수 있다.

기계나 AI로 대체할 수 있는 것은 대체한다. 그리고 인간은 인간만이 할 수 있는 일, AI가 할 수 없는 일을 한다. 앞으로는 그런 시대가 될 것이다.

이처럼 영업사원에게는 고객의 마음과 감정을 헤아리는 자세가 필요하다.

제2장

자신의 영업을
명확하게 인식하라

영업의 분류

1

영업은 직접 발로 움직여
고객을 찾아간다

영업과 판매의 차이

영업과 판매는 업무 내용이 다르다

상품과 서비스를 고객에게 '판다'는 점에서 '영업'과 '판매'는 서로
닮아 있다. 그럼에도 불구하고 많은 회사들이 영업직(영업 부문)과
판매직(판매 부문)을 구분하는 이유는 각각의 업무 내용과 일하는
방식, 필요한 기술이 다르기 때문이다.

그렇다면 영업과 판매의 차이는 무엇일까? 일반적으로 영업은

영리를 목적으로 한 업무 전반을 가리키며, 판매보다 넓은 의미를 가진다.

이 책에서는 영업과 판매를 다음과 같이 구별한다.

- **영업**
  영업사원이 직접 발로 뛰어가며 제품과 서비스를 고객에게 소개하고 판매(재산권 이전)하는 직종.
- **판매**
  매장을 찾아온 고객에게 제품과 서비스를 소개하고 판매(재산권 이전)하는 직종.

영업은 영업사원이 직접 발을 움직여서 찾아가고, 판매는 고객이 직접 찾아오는 것이라고 정의하면 이해하기 쉽다.

영업과 판매를 합친 스타일도 있다. 예를 들어 자동차 영업사원(판매사원)은 매장을 찾아온 고객을 상대하기도 하고(판매) 고객의 집에 직접 찾아가기도 한다(영업).

신축 분양 아파트나 단독주택을 판매할 때는 반응 영업(신문, TV, 라디오, 우편, 전화, 인터넷 등을 이용해 회사의 상품과 서비스를 광고한 후, 관심을 보이는 고객을 대상으로 영업하는 방식)과 함께 직접 발로 뛰는 영업을 실시하기도 한다.

일반 소비재는 판매만 하지만, 자동차나 주택 같은 고가의 상품을 다룰 때는 판매와 영업을 함께 실시한다.

B2C 영업의 경우 대부분 판매 방식으로 이루어진다. 법인을 대상으로 하는 B2B의 경우 고객이 찾아오는 판매보다는 영업 방식이 일반적이다.

구매 행동의 단계적 절차

소비자의 구매 행동에는 단계적 절차가 존재한다. 소비자는 구매 결정을 내릴 때까지 다음과 같은 과정으로 움직인다.

주의Attention → 관심Interest → 욕구Desire → 기억Memory → 행동Action

이 과정을 '아이드마AIDMA' 모델이라고 한다. 아이드마에 대해서는 제3장에서 자세히 설명할 예정이다.

고객이 매장을 찾았을 때는 이미 상품과 서비스에 관심이 있는 단계이므로 구매 행동이 일어날 가능성이 크다.

예를 들어 고객이 미용실에 방문했다면 이 경우는 다섯 번째 단계인 '행동(A)'에 해당한다. 머리카락을 자를지 말지 결정하지 않

AIDMA

$$A \rightarrow I \rightarrow D \rightarrow M \rightarrow A$$

| 주의
(Attention) | 관심
(Interest) | 욕구
(Desire) | 기억
(Memory) | 행동
(Action) |

은 채 미용실에 가는 사람은 없다. 고객이 매장에서 금액을 지불할 확률이 높은 만큼 자연스럽게 제품 구매(교차 판매)를 권유할 수 있다(두 번째 결정 스트레스는 첫 번째 결정 스트레스에 비해 작다는 법칙이 있다).

원단 가게의 경우, 고객은 아이드마의 '관심(I)'이나 '욕구(D)' 단계에서 가게를 찾는다. 진열되어 있는 원단만 구경하고 가게를 나가기도 한다.

판매사원은 고객이 어떤 상품을 마음에 들어 하는지, 구매를 망설이는 이유가 무엇인지 파악해야 한다. 고객은 관심(I) 단계에 있기 때문에 얼마든지 직원과 대화를 나눌 준비가 되어 있다. 판매사원이 편안한 분위기로 대화를 유도해 고객의 구매 욕구를 자극할 수 있다.

영업은 파는 과정에 시간이 걸린다

고객이 찾아오는 '판매' 말고 고객이 있는 곳으로 찾아가는 '영업'은 어떨까? 기존 거래 고객(법인)이 아닌 신규 고객을 유치해야 하는 상황에서는 아이드마의 첫 번째 단계인 '주의(A)'부터 시작한다.

먼저 고객에게 자신의 회사와 상품 그리고 무엇보다 영업사원 자신을 소개하며 관계를 구축해야 한다. 고객에게 이득이 되는 상품을 소개하더라도 관계를 구축하지 못하면 고객은 관심을 갖지 않는다.

주의(A) 단계가 판매와 영업의 가장 큰 차이점이다. 영업사원이 주의(A) 단계를 소홀히 하면 고객의 구매 행동은 상품에 관심을 갖게 되는 관심(I) 단계로 넘어가지 않는다.

이처럼 고객의 구매 행동 과정으로 '판매'와 '영업'을 생각해보면 스타일의 차이가 뚜렷해진다. 또한 필요한 역할과 기술도 달라진다는 점을 알 수 있다.

스포츠용품점에서 일하던 영업사원이 휴대전화 판매 대리점과 보험 판매 대리점에서 일할 때도 실적이 좋아서 영업 전문 컨설턴트로 전향한 경우가 있었다. '판매'할 때의 실적은 좋았지만 '영업'(특히 B2B 영업)으로 전향해서는 좀처럼 성과를 내지 못했다. 그는 이후 자기분석을 통해 판매와 영업을 똑같이 생각하고 행동했던 것을 실패 원인으로 꼽았다.

특히 고객이 개인이 아닌 조직일 경우에는 주의해야 할 점이 많다. 거래를 위한 대화와 협의에 오랜 기간이 걸리고 복잡하기 때문이다.

2

회사와의 적극적인
의사소통이 매출을 늘린다

판촉과 영업의 관계

사무실과 현장의 거리감

판촉이란 넓은 의미에서 광고 활동부터 영업 활동까지 판매 촉진에 관한 모든 활동을 가리키며, 좁은 의미에서는 판매 활동을 더욱 효과적으로 실시하기 위한 정책을 말한다. 기업이 실시하는 판매 촉진 활동으로는 TV, 신문, 잡지, 라디오, 인터넷 등 대중매체를 활용한 광고, 전단, 우편 광고, 이벤트, 매장 POP 등이 있으며

이를 통틀어 판촉 활동이라고 한다. 회사가 주도적으로 실시하며 영업사원의 영업 활동과 밀접하게 연결되어 있다.

영업사원은 회사가 정한 판촉 활동을 토대로 조직적으로 움직여야 한다. 그런데 많은 회사들이 영업 조직을 '개인의 집합체'로 운용한다. 의사소통 부족으로 인해 개별적으로 활동하는 경우가 많다.

컨설팅을 지원했던 A사(식품회사)에서 다음과 같은 의사소통 실수가 있었다. 본사는 '슈퍼마켓 B사의 자사 제품 매출 증진'을 위해 '제품 시연회' 홍보 전단지를 배포했지만, 슈퍼마켓 B사를 담당하는 영업사원은 시연회가 열린다는 사실을 모르고 있었다. 영업사원은 본사가 시연회를 결정한 시점에 슈퍼마켓 담당자와 판매사원(슈퍼마켓 직원 및 아르바이트 직원)에게 시연회 이벤트를 공지했어야 한다.

슈퍼마켓 담당자와 판매사원은 A사의 상품만 판매하는 것이 아니다. A사의 상품은 슈퍼마켓에서 판매하고 있는 수많은 상품 중 하나에 불과하므로 영업사원이 적극적으로 제안하고 영업(자리 확보 및 끼워 팔기 상품 선정 등)하지 않으면 시연회는 실패로 끝이 난다.

따라서 본사와 현장은 끊임없이 대화하며 정보를 공유하고, 계획적으로 영업 활동을 펼쳐야 한다.

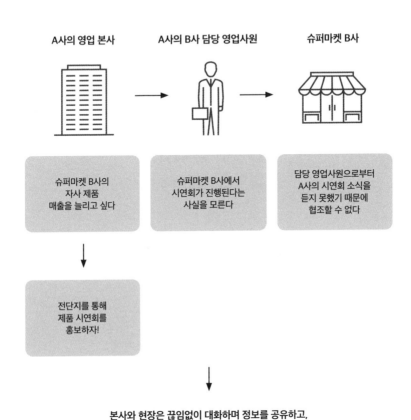

본사의 판촉과 담당 영업사원의 관계

A사의 영업 본사 　　　A사의 B사 담당 영업사원 　　　슈퍼마켓 B사

슈퍼마켓 B사의
자사 제품
매출을 늘리고 싶다

슈퍼마켓 B사에서
시연회가 진행된다는
사실을 모른다

담당 영업사원으로부터
A사의 시연회 소식을
듣지 못했기 때문에
협조할 수 없다

전단지를 통해
제품 시연회를
홍보하자!

본사와 현장은 끊임없이 대화하며 정보를 공유하고,
계획적으로 영업 활동을 펼쳐야 한다

3

B2B 영업은
조직으로 승부한다

B2B 영업과 B2C 영업

마술사라 불리는 영업사원

영업은 고객에 따라 'B2B 영업'과 'B2C 영업'으로 나뉜다. B는 '비

- B2B: 법인 영업
- B2C: 개인 영업

즈니스business', C는 '소비자consumer'의 약자다.

예를 들어 금융업계에서는 개인을 대상으로 한 사업 분야를 '리테일retail', 법인을 대상으로 한 사업 분야를 '홀세일wholesale'이라 부른다. 리테일은 '소매', 홀세일은 '도매'를 뜻한다.

나는 지금까지 수많은 '영업왕'들을 만나왔다. 그중에는 '영업의 마술사'라 불리는 사람도 있었다. 마법 같은 기술로 엄청난 영업 실적을 올린 사람들이다. 대부분 B2C 영업 분야에 종사하며 보통의 상식으로는 이해할 수 없는 천재들이다.

마술사 중 한 사람인 A 씨는 보험업계에서 탁월한 실적을 남긴 사람만 가입할 수 있는 백만 달러 원탁회의Million Dollar Round Table, MDRT의 회원인 우수 보험설계사다. 내가 A 씨에게 "저는 영업 컨설팅을 하고 있습니다. 당신이 어떤 방법으로 실적을 쌓았는지 무척 궁금합니다. 알려주실 수 있나요?"라고 부탁하자 그는 이렇게 답했다.

"특별히 알려드릴 만한 기술이나 요령은 없어요. 제가 할 수 있는 일이 생겼을 때, 그 일을 했을 뿐이에요. 저는 단 한 번도 고객에게 보험을 팔려고 해본 적이 없어요. 진심으로 고객을 위해 무슨 일을 할 수 있는지 생각하다 보면 특별한 말을 건네지 않아도 계약이 성사되더라고요. 그리고 저를 좋게 봐주신 분들이 다른 분들에게 저를 소개해주세요. 새로운 고객을 만날 때도 '제가 도와드릴 일이 없을까요?'라고 묻는 게 다예요. 정말로 그뿐이에요."

그는 "제가 도와드릴 일이 없을까요?"라고 물었을 뿐인데 계약이 성사된다고 온화한 표정으로 말했다. 영업 컨설턴트로서 영업을 연구하는 내가 봤을 때도 '마법'을 썼다고밖에 할 수 없는 이야기다.

A 씨처럼 타고난 영업 센스를 발휘하는 영업사원은 '무의식적 능력'이 뛰어나다. 무의식적 능력이란 수많은 시행착오를 통해 얻은 성공 노하우가 무의식중에 습관으로 자리 잡은 상태를 말한다. 무의식중에 이루어지기 때문에 어떻게 해야 실적을 높일 수 있는지 말로 표현하기 어렵다.

예를 들어 자전거 타는 방법을 말로 설명할 수 있는 사람이 몇 명이나 될까? 대부분 자신도 모르는 사이에 자전거를 잘 타게 되었을 것이다. 자전거를 타게 된 상황을 떠올리면 무의식적 능력의 의미를 이해할 수 있다. 천재들은 고객을 매료시키는 무의식적 능력이 몸에 배어 있기 때문에 어렵지 않게 영업할 수 있다.

또한 영업의 마술사들은 선천적으로 스트레스에 강하며, 좋고 나쁜 것에 둔감하다. 마술사이기 때문에 처음 만나는 사람 앞에서도 긴장하거나 위축되지 않는다. 거절당하고 또 거절당해도 상대방이 지쳐 쓰러질 때까지 밀어붙이는 강인함(둔함)도 갖고 있다.

B2C 영업의 세계에는 일정 비율의 마술사가 존재한다. 뛰어난 실적으로 인해 미디어의 주목을 받기도 하고 책을 쓰기도 하며 강사로 유명해지기도 한다.

그러나 자신이 어떻게 상대방의 마음을 사로잡았는지는 설명하지 못하기 때문에, 마술사들의 강의는 논리적이라기보다 감상적인 내용이 많다. 즉 행동보다 심리적인 이야기에 치우쳐 있다. 예를 들면 다음과 같다.

"한두 번 거절당했다고 해서 포기하지 마세요. 팔릴 때까지 포기해서는 안 됩니다."

"거짓말을 해서는 안 됩니다. 진실만 이야기하세요."

"고객의 말에 귀를 기울이세요."

"고객에게 진심으로 다가가면 반드시 길이 열립니다."

업계에서 뛰어난 실적을 세운 사람의 조언을 직접 듣게 되었을 때는 감사한 마음으로 받아들여야 한다. 만약 조언을 이해할 수 없다면 '이해하지 못하는 내게 문제가 있는 것이 아닐까?'라고 여기거나 '큰 도움이 될 거야', '역시 영업의 신이 하는 말은 달라'라고 생각해야 한다.

나중에 다시 한번 말하겠지만 영업에서 '심리'는 매우 중요하다. 그러나 마음만으로 성과를 낼 수 있는 쉬운 일은 아니다.

화제성과 재현성

원래 천재는 아무것도 없는 상태에서 새로운 것을 만들어내는 사람이다. 책을 읽거나 누군가에게 가르침을 받기보다 자신만의 노하우를 만들어내는 경우가 많으며, 자신만의 색깔도 강하다. 스스로 만들어낸 노하우가 뛰어나 미디어에 소개되는 경우도 많다.

천재가 아닌 보통의 영업사원은 꾸준한 훈련을 통해 몸에 익힌 기술로 승부를 본다. 평범한 영업사원이 일회성에 그치는 기술로 좋은 성과를 낼 수는 없다.

천재는 화제를 불러일으키는 노하우를 만들지만, 평범한 사람은 꾸준히 재현할 수 있는 기술을 몸에 익힌다. 스포츠와 영업이 비슷하다고 하는 이유 중 하나이기도 하다.

B2C 영업에 필요한 인간적 매력

B2C 영업에서는 결재권자와 직접 교섭하는 경우가 많다. 주택 영업이라면 시공주이고, 자동차 영업이라면 직접 핸들을 잡는 운전자와 교섭한다. 결재권을 쥔 핵심 인물과 만나는 것 자체가 중간 성과라 여겨지는 B2B 영업에 비하면 매우 큰 이점이다.

영업사원이 결재권을 가진 고객과 일대일 관계를 맺으면 인간적인 매력(개인의 경험, 센스, 자질, 인성 등)을 발휘할 수 있는 가능성이 높아진다. 마법을 사용할 수 있는 이유다.

'저 영업사원이 저렇게 말할 정도라면 계약해도 괜찮을 거야'라고 생각하기 때문에 최고의 조건이 아니어도 개인적인 호감에 의해 계약이 성사되기도 한다.

이처럼 B2C 영업은 영업사원의 인간적인 매력을 발휘할 수 있기 때문에 복장과 말투, 행동 하나하나에 신경 써야 한다.

자기계발서를 읽거나 세미나에 참가하는 영업사원도 많다. 사람을 만나는 직종인 만큼 심리학이나 행동경제학을 배우고 인간의 의식 변화를 따라가는 기술을 익히면 어느 정도의 효과를 기대할 수 있다.

B2B 영업은 조직 대 조직

한편 B2B 영업은 천재 영업사원이 탄생하기 어려운 세계다. 영업사원의 인간적인 매력, 뛰어난 공감 능력과 감성만으로는 계약을 성사시키기 어렵다.

회사에는 직급이 존재하기 때문에 영업사원과 결재권자가 일대일 관계를 구축하기 어렵다. 만약 결재권을 갖고 있는 사람이 개인적인 호감 때문에 계약을 진행하고 싶어도 1인 기업이 아닌 이상 조직 내 합의를 이끌어내는 데는 어려움이 따른다. 금액이 크면 클수록 개인의 의사는 반영되기 어렵다.

논리적으로 의사결정을 내리는 것이 B2B 영업의 특징이다. B2C 영업과 달리 관련된 인물이 많기 때문에 그만큼 거래를 위한 상담 기간이 길어진다. 상품이 중요할수록 혹은 가격이 비쌀수록 의사결정에 관련된 인원이 늘어난다. 또한 관계자 전원이 서로 다른 생각을 갖고 있기 때문에 합의하는 데도 오랜 시간이 필요하다.

물론 B2B 영업에서도 영업사원의 인간적인 매력이 필요하다. 하지만 실무 담당자와 성격이 잘 맞는다고 해서 결재권자와도 잘 맞으리라는 법은 없다. 실무 담당자보다 상위 직급인 부장, 본부장, 이사, 사장의 결재가 필요한 경우에는 충분한 시간을 들여 구매 행동 절차를 진행해야 한다. '누가, 어떤 과정에 있으며, 어떠한 입장에 있는가?'와 같이 구매 절차에 관련된 사람들의 역할을 모두 이해한 상태에서 진행해야 한다.

B2B 영업에서 조직을 상대한다면 이쪽도 조직으로 움직여야 한다. 상대방이 부장이라면 영업하는 사람도 부장이어야 한다. 상대방이 사장이라면 영업하는 사람도 사장이어야 한다. 마술사보다도 상대방과 같은 직급의 사람이 필요하다.

조직 대 조직의 경우 상대방과의 정치적 교섭이 필요할 때가 있다. 자신에게 교섭할 힘이 없다면(직급이 낮은 경우), 상사에게 도움을 요청해 상사를 자신의 패로 사용할 수 있는 용기도 있어야 한다.

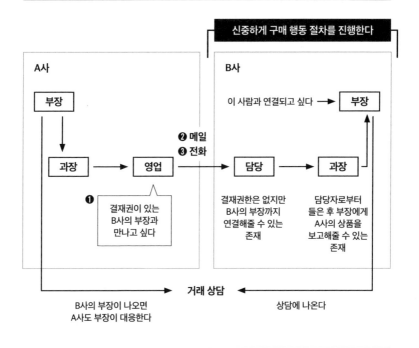

B2B 영업은 조직력으로 대응한다

신중하게 구매 행동 절차를 진행한다

A사

부장

과장 → 영업

❶ 결재권이 있는 B사의 부장과 만나고 싶다

❷ 메일
❸ 전화

B사

이 사람과 연결되고 싶다 → 부장

담당 → 과장

결재권한은 없지만 B사의 부장까지 연결해줄 수 있는 존재

담당자로부터 들은 후 부장에게 A사의 상품을 보고해줄 수 있는 존재

거래 상담

B사의 부장이 나오면 A사도 부장이 대응한다

상담에 나온다

4

비장의 카드는
두 가지 세일즈 방식의 조합

루트 세일즈와 안건 세일즈

수주 방식에 따른 두 가지 영업 방식

영업은 수주 방식에 따라 '루트 세일즈route sales'와 '안건 세일즈'로 나뉜다. 루트 세일즈는 B2B 영업에서 자주 볼 수 있으며, 안건 세일즈는 B2C 영업과 B2B 영업에서 모두 볼 수 있는 영업 방식이다.

- **루트 세일즈**

  거래 대상 고객과 자주 만나서 정기적으로 업무 의뢰를 받는 영업 방식
- **안건 세일즈**

  안건별로 상담을 실시해 건별로 주문을 받는 영업 방식

루트 세일즈의 특징

루트 세일즈는 기존 거래 고객을 정해진 순서로 찾아가면서 상품을 판매하는 방식이다. B2B 영업에는 담당하고 있는 양판점이나 소매점을 순회하며 점장 및 직원과의 신뢰 관계를 구축하는 '순회사원'이라 불리는 사람이 있다. 순회사원은 매장의 매출 정보를 수집하거나 자사 제품을 더 좋은 장소에 진열하기 위해 교섭하기도 한다.

정해진 순서로 돌아가면서 고객을 찾아가기 때문에 루트 세일즈는 안정된 기반을 바탕으로 고객층을 유지해가며 매출을 조금씩 늘려갈 수 있다. 한마디로 '농경형' 스타일이다.

루트 세일즈는 '단순 접촉 효과'를 얻을 수 있다. 단순 접촉 효과란 접촉하는 횟수가 늘어날수록 호감도가 높아지는 심리 효과를 일컫는다. 오랜 시간 깊이 있는 대화를 나누는 것보다 '가벼운

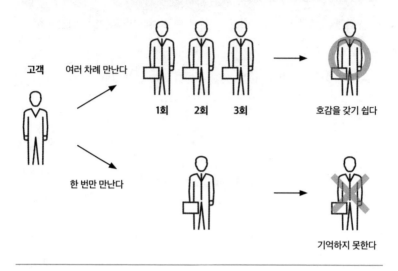

단순 접촉 효과

고객 / 여러 차례 만난다 / 1회 2회 3회 → 호감을 갖기 쉽다

한 번만 만난다 → 기억하지 못한다

인사와 대화'로 단순 접촉을 반복하는 것이 기존 고객과의 관계를 유지하는 데 도움이 된다.

또한 정기적으로 만남을 이어가면 고객의 예상 주문량을 안정적으로 계산할 수 있다. 그런데 이 '안정적'이라는 말에는 수주량과 수주 금액이 크게 달라지지 않는다는 의미도 포함되어 있으므로, 짧은 시간 안에 매출을 크게 늘려야 하는 상황에는 적합하지 않은 세일즈 방식이다. 매출 마감까지 한 달가량 남아 있고 매출 목표 10억 원 중 4억 원이 부족한 상황에서는 루트 세일즈만으로 목표를 달성할 수 없다. "다음 달까지 매출 목표가 1억 원 정도 남았는데 어떻게 안 될까요?"라고 부탁했을 때 "네, 알겠습니다." 라며 고개를 끄덕여줄 고객은 없다. 루트 세일즈는 궁지에 몰렸을 때 역전을 노릴 수 없는 세일즈 방식이다. 다만 새로운 분기가 시작되었을 때 안정적인 매출 기반을 바탕으로 일정량의 목표를 달성할 수 있다.

루트 세일즈의 과제

루트 세일즈는 만나는 고객이 정해져 있기 때문에 영업사원의 적극성이 떨어진다. 왜냐하면 고객의 새로운 과제를 발견하고 신제품에 관한 아이디어를 내거나 타 부서 혹은 새로운 고객과의 관계를 구축하는 등의 도전을 할 마음이 생기지 않기 때문이다.

기존 매출에 만족하고 위험을 멀리하다 보면 외부 환경이 변화하거나 기존 거래처가 갑자기 마음을 바꾸었을 때 대처하지 못하게 된다.

또한 친분이 있는 고객과 오랜 시간 관계를 유지하다 보면 영업사원 개인의 능력 계발에 부정적인 영향이 생기기도 한다. "이번 달은 어떻게 보내드릴까요?"라고 묻고 "이번 달은 이 모델 넘버로 3,000로트 lot 보내주세요."라고 주문을 받는 것만큼 쉬운 영업

은 없다. 이후 영업사원이 해야 할 업무는 재고 확인과 발주 절차
뿐이다.

아이드마 구매 절차를 생각하지 않아도 주문을 받을 수 있다면
어떤 판촉을 활용해야 고객의 관심을 얻을 수 있을지, 어떤 질문
이 고객의 구매 결정을 이끌어낼 수 있을지를 생각하는 습관이 사
라지게 된다. 흔히 말하는 '주문 영업'의 문제점이다.

안건 세일즈의 특징

안건 세일즈는 루트 세일즈와 비교해서 생각하면 쉽다. 루트 세일
즈가 '농경형'이라면 안건 세일즈는 '수렵형'이다.

'스톡stock'과 '플로flow'라는 표현을 써도 좋다. 스톡은 '축적'을
의미하며 쌓아가는 영업 방식을 말한다. 플로는 '흐름'을 뜻하며
일시적으로 발생한 안건을 진행하는 영업 방식이다.

루트 세일즈는 스톡형이고, 안건 세일즈는 플로형이다. 스톡형
이 수익 면에서 안정적이지만 고객과 신뢰를 쌓고 거래를 유지하
기까지 많은 시간이 필요하다. 전기, 가스, 신용카드, 보험이 대표
적인 스톡형 비즈니스다. 사용 중인 신용카드를 쉽게 바꾸는 사람
이 많지 않은 것을 보면 알 수 있다.

한편 전자제품을 살 때는 어떨까? 냉장고를 구매할 때는 대형

전자제품 매장에서, 비디오덱을 살 때는 전자상가에서, 밥솥을 살 때는 인터넷 쇼핑몰에서 구매하듯이 구매하는 장소와 업체가 모두 다르다. 구매하려는 전자제품(안건)에 따라 달라진다.

안건 세일즈는 플로형이기 때문에 지속성이 보장되지 않는다. 그러나 안건에 맞춰 제안하기 때문에 비교적 짧은 시간 안에 고객으로부터 고액의 주문을 받을 가능성이 높다.

루트 세일즈는 거래가 시작될 때까지 시간이 필요하지만, 일단 거래가 시작되면 정기적으로 주문을 받을 수 있다. 농경형이라고 말하는 이유이기도 하다. 기초부터 하나씩 쌓아가다 보면 미래의 수확을 기대할 수 있다.

안건 세일즈는 안건별로 고객과 상담을 진행해 주문을 받는다. 매번 대책을 세우고 전략과 방침을 정하기 때문에 수렵형이라 불린다. 안건에 따라 금액이 달라지므로 원하는 부분에 초점을 맞추면 큰 수익을 얻을 수 있다.

가령 매출 마감까지 한 달가량 남아 있고 매출 목표 10억 원 중 4억 원이 부족한 상황이라도, 아직 체결되지 않은 4억 원짜리 안건이 남아 있기 때문에 끝까지 지켜봐야 한다. 위험을 감수해야 하지만 마지막에 역전을 노릴 수 있는 영업이 안건 세일즈다.

루트 세일즈

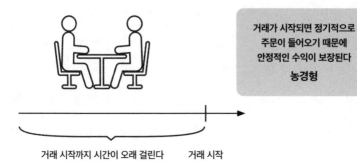

거래가 시작되면 정기적으로
주문이 들어오기 때문에
안정적인 수익이 보장된다
농경형

거래 시작까지 시간이 오래 걸린다   거래 시작

안건 세일즈

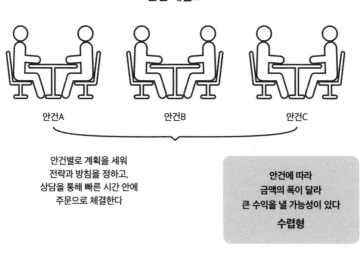

안건A   안건B   안건C

안건별로 계획을 세워
전략과 방침을 정하고,
상담을 통해 빠른 시간 안에
주문으로 체결한다

안건에 따라
금액의 폭이 달라
큰 수익을 낼 가능성이 있다
수렵형

안건 세일즈의 과제

한편, 한 가지 안건이 끝나면 처음부터 다시 시작해야 하는 것이 안건 세일즈의 특징이다. 루트 세일즈에 비해 수주량과 수주 금액을 평준화하기 어렵기 때문에, 월 단위로 목표를 설정해야 하는 매니지먼트에는 맞지 않은 영업 방식이다.

안건 세일즈는 협의가 시작되거나 안건이 발생하지 않은 단계에서 먼저 상대방의 니즈를 파악하고 그에 걸맞은 해결 방안을 제시해야 한다. 그래서 몇 주나 몇 달, 혹은 취급 상품에 따라 거래 상담에 1년 이상 걸리는 경우도 있다.

상담 과정의 정확한 관리로 기회손실을 줄이는 것이 안건 세일즈로 성과를 내는 비결이다.

루트 세일즈 + 안건 세일즈

루트 세일즈는 안정적인 수익을 예상할 수 있지만 이익을 늘리기가 어렵다. 안건 세일즈는 거액의 실적을 기대할 수 있지만 거래를 위한 상담 기간이 길고 불안정하다. 그래서 두 가지를 합쳐 돌발 상황에 대처하는 영업 방식도 있다.

예를 들어 루트 세일즈로 정기적으로 거래하는 고객의 공장에 새로운 설비나 부품 구입을 제안할 수 있다. 고객의 입장에서 보면 갑작스러운 제안이기 때문에 '따로 이야기하자'고 말할 것이다. 그러나 이미 관계가 구축되어 있기 때문에 자연스럽게 거래 상담을 이어갈 수 있다.

안건 세일즈로 시작해 스톡 수입을 얻는 방식도 있다. 예를 들어 정보 시스템 구축 사업은 안건형으로 분류되지만, 시스템 구축 후 유지 비용이 발생하기 때문에 스톡 수입까지 얻을 수 있다.

투자를 할 때도 종류가 다른 종목들로 포트폴리오를 구성해 위험을 분산시킨다. 루트 세일즈와 안건 세일즈를 결합하면 서로의 단점을 상쇄하여 영업 성과를 최대화할 수 있다.

5

고객 문의에 의존하면
영업의 힘이 떨어진다

'기다리는 영업'과 '찾아가는 영업'

거래 문의란?

'거래 문의'는 영업사원이 적극적으로 영업 활동을 펼치는 것이
아니라 고객의 질문을 받고 대응하는 것을 말한다. 상품에 대한
문의나 주문, 거래 전에 이루어진다.

타사에는 없는 기술력을 보유하고 있거나, 타사보다 역사가 오
래됐거나, 타사보다 상품성이 뛰어나거나, 타사보다 브랜드 파워

가 강하다거나 등 경쟁사와 차별화되는 점이 있다면 영업사원이 능동적으로 영업하지 않아도 고객이 먼저 관심을 보인다.

원래 영업 활동은 고객과의 관계를 구축하고 고객의 이익을 생각하면서 단계적으로 진행한다. 그러나 거래 문의는 앞의 과정을 생략한 채 상품 설명과 제안으로 바로 들어갈 가능성이 크다. 기존에 거래했던 회사나 계약한 적이 있는 회사로부터 거래 문의가 들어올 확률이 높다.

그러나 거래 문의에 의존하면 기다림에 익숙해져 적극적으로 영업을 하지 않게 된다. 제품력과 브랜드 파워를 가진 회사일수록 영업사원은 '목표 매출을 달성하지 못한 이유는 제품이 좋지 않아서야', '매출이 오르지 않는 이유는 고객의 거래 문의가 없어서야'라며 다른 곳에 책임을 돌린다. 매출이 오르지 않는 원인 중 하나다. 거래 문의만 하염없이 기다리다 보면 영업의 힘이 떨어진다.

제품력과 브랜드 파워가 약한 회사는 고객의 문의를 기다리지 않기 때문에 적극적으로 영업 활동을 펼친다. 차별화된 상품을 판매하지 않기 때문에 거래 문의가 적은 회사는 찾아가는 영업으로 영업의 힘을 키운다. '영업 활동이 경영을 지원하는 인프라다', '상품의 힘은 영업의 힘에서 나온다'라는 생각으로 고객의 문의를 기다리지 않는다.

물론 '찾아간다'라고 해서 강압적인 태도로 상품을 판매하라는 것이 아니다. 여기서 말하는 '찾아간다'는 고객이 어디에 있으며,

그 고객에게 무엇이 이익이 되는지를 빠르고 정확하게 능동적으로 조사한다(파악한다)는 의미다. 거래 실적이 없는 새로운 고객을 찾은 다음 잦은 만남을 통해 신뢰 관계를 구축하는 것이다.

씨를 뿌렸다면 물을 줘라

영업 활동의 기본은 '씨 뿌리기'와 '물 주기'다. 씨를 뿌리지도, 물을 주지도 않는 회사가 브랜드 파워에 의존하며 거래 문의만 기다려서는 성과를 올릴 수 없다.

- **씨 뿌리기**
  고객을 찾는 활동. 자신의 회사와 거래할 가능성이 있는 고객과 관계를 갖게 되는 과정.
- **물 주기**
  한 번 접촉한 고객(데이터베이스화한 고객)을 반복적으로 만나는 일.

씨 뿌리기는 한 번이지만 물 주기는 여러 번, 정기적으로 반복하는 것이 중요하다. 이 단계에서 제안과 판매는 하지 않아도 된다. 깊은 접촉이 아닌 '단순 접촉'을 반복한다.

씨를 뿌렸다면 정기적으로 물을 주면서 고객과 1~2분 정도는 부담 없이 대화를 나눌 수 있는 관계를 만들어야 한다.

2014년 일본의 소비세가 8퍼센트로 인상되었을 때 고가의 상품을 중심으로 사재기 수요가 높아졌다. 특히 주택업계는 거래 문의 건수가 눈에 띄게 급증했다. 많은 회사들이 너 나 할 것 없이 '계약을 체결할 수 있을 때 체결할 수 있는 만큼 체결하자'라는 자세로 거래 문의에 대응했지만, 오히려 나는 고객사에 '거래 문의 대응을 줄이고 지금까지 해왔던 방식대로 씨 뿌리기와 물 주기에 힘을 써야 한다'고 조언했다.

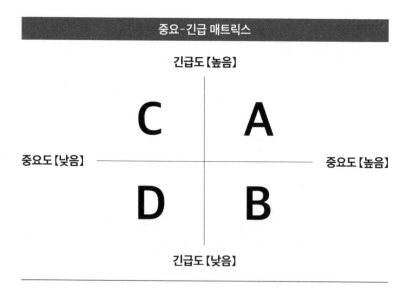

나는 '거래 문의가 많을 때일수록 적극적으로 영업을 해야 한다', '고객이 먼저 계약 체결을 원할 때일수록 고객에게 영업사원을 보내야 한다'고 생각했다. 사재기 수요 후에는 반드시 반동삭감(증가한 직후 평소보다 크게 감소하는 상태)이 발생하고, 소비세 인상 특수의 부작용이 있을 것으로 예상했기 때문이다.

소비세 인상 후를 생각해 눈앞의 매출에 초점을 두기보다 '미래의 고객'에게 눈을 돌려야 한다는 뜻이다.

영업 활동을 할 때는 단기적 사고에 빠지지 않아야 한다. 중요하지만 긴급하지 않은 사항, 즉 미래의 고객에게 시간을 투자해야 한다. 이를 위해서는 자신을 규제해야 한다. 많은 사람들이 '영업에서 마인드가 중요하다'고 말하는 이유는 평상시에 감정을 잘 조절하는 것이 중요하다는 사실을 알기 때문이다. 감정을 조절하기 위해서도 '중요-긴급 매트릭스'를 언제나 기억해두자.

6

고객이 기대하는 이익 수준에
맞춰 아이디어를 제공하라

제안 영업

안내, 설득, 제안의 차이

제안 영업을 이해하기 전에 '제안'의 원래 의미를 아는 것이 중요하다. 먼저 안내, 설득, 제안의 차이에 대해 살펴보자.

침구 매장을 예로 설명하면 다음과 같다.

안내만 해서는 고객의 잠재적 니즈를 현실로 이끌어낼 수 없다. 동시에 강압적인 설득은 고객의 니즈를 무시할 수 있다. 그런 방

- **안내**

"저희 매장에는 A 침대, B 침대, C 침대가 있습니다. 살펴보시고 궁금한 점이 있으시면 직원을 불러주세요."

- **설득**

"현재 A 침대가 이벤트 중입니다. 정가 대비 30퍼센트 세일을 진행하고 있으니 B와 C가 아닌 A 상품을 구매해주세요."

- **제안**

"자고 일어났을 때 허리 통증이 있으시다면 B 침대를 사용해보세요."

식으로는 고객의 이익을 지원할 수 없다. 따라서 영업 활동은 제안을 기본으로 실시해야 한다.

제안 영업은 고객의 문제를 해결하기 위해 '아이디어'를 '제공'하는 것이다. 제공하는 아이디어가 고객의 이익을 지원할 경우 구매로 이어질 가능성이 크다. 고객과의 관계를 더욱 돈독히 하고 니즈(해결하고 싶은 문제, 손에 넣고 싶은 이익)를 파악한 후 고객이 기대하는 이익 수준에 맞춰 아이디어를 제공하는 것이 제안 영업이다.

"그렇다면 이렇게 해보는 게 어떨까요?"

"고객님의 문제를 해결하는 데 우리 회사가 지원할 수 있는 부분은 이렇습니다."

"고객님이 원하시는 품질을 고려하면 이 제품이 괜찮을 것 같은데요. 어떠세요?"

이처럼 고객의 시점에서 생각하는 영업 행위는 모두 제안 영업이다.

7

고객의 문제를 파악하고
해결책을 제시하라

솔루션 영업과 컨설팅 영업

고객의 문제를 해결하는 솔루션 영업

자동차 판매의 경우, 고객의 니즈를 파악해서 고객이 원하는 사양의 차를 제안하는 일은 어렵지 않다.

실제로 자동차를 판매하는 영업사원 입장에서 생각해보자. 고객이 '예산은 3,500만 원 정도', '주말에 자주 산이나 바다로 놀러간다', '아이의 친구들을 태우는 경우가 있어서 7인승이었으면 좋겠다', '옵션으로 고성능 내비게이션이 있으면 좋겠다', '색상은 무난한 색이 좋다'라는 조건을 제시하면 어느 정도 등급에 어느 정도의 옵션을 붙여 제안하면 좋을지 대략적으로 감이 잡힌다. 이처럼 고객이 원하는 사양을 파악해 그에 걸맞은 상품을 제안하는 것이 제안 영업이다.

한편 솔루션 영업은 고객이 갖고 있는 문제의 해결책(솔루션)을 제시하는 방식이다.

휴대전화를 구매하려는 고객이 '현재 사용 중인 기종의 통신비 부담이 크다'는 문제를 안고 있고 '통신비를 줄이길 원한다'면, '통신비 부담을 줄이기 위해서는 휴대전화를 구매한 다음 이 앱을 사용하면 통신비를 줄일 수 있습니다'라고 제안한다.

솔루션 영업에 필요한 기술

솔루션 영업을 하다 보면 고객이 원하는 것이 무엇인지 구체적으로 파악하지 못할 때가 많다. 그래서 솔루션을 제안해도 고객이 바로 이해하지 못하는 경우가 생긴다.

학원 운영을 예로 살펴보자. "중학교 2학년인 아이의 성적이 오르지 않아서 걱정이에요. 어떻게 해야 할까요?"라는 학부모의 질문에 원장이 "영어와 수학을 중점적으로 관리하는 편이 좋습니다. 6개월 코스로 시작하면 될 것 괜찮을 것 같은데요. 어떠세요?"
라고 답한다면 학부모가 이해할 수 있을까. "정말로 6개월 코스를
수강하면 성적이 오르나요?"라는 질문이 다시 돌아올 것이다.

휴대전화나 자동차를 구매할 때는 가격과 사양을 따지지만, 아
이의 성적 해결(솔루션)을 필요로 하는 고객은 효과에 초점을 둔
다. 그래서 영업을 할 때 '무조건 오릅니다'라고 단언할 수 없다.
고객의 신뢰를 얻기 위해서는 다음과 같은 설명이 필요하다.

"자녀분의 테스트 결과를 보면 공부 시간이 부족한 게 아니라
문제를 푸는 방법을 아직 잘 모르는 것 같습니다. 아이와 면담을
해봤는데, 일대일 지도가 더욱 효과적이리라 생각됩니다."

한두 번 설명해도 고객이 이해하지 못한다면 전체를 이해할 때
까지 끈질기게 대화를 이어가는 것이 중요하다.

컨설팅 영업이란?

솔루션 영업과 컨설팅 영업을 혼동하는 경우가 많다. 명확한 차이
를 구분하기는 어렵지만, 단어로만 봤을 때 솔루션 영업보다 컨설
팅 영업이 고객의 어려운 문제를 해결한다는 느낌이 강하다. 컨설
팅 영업이 '문제해결형 영업'이라고 불리는 것처럼 말이다.

나는 컨설팅 영업을 '고객의 잠재적 문제를 끄집어내 해결하는

것'이라고 정의한다. 고도의 커뮤니케이션 능력이 필요하며, 고객의 과제를 정리하고 해결책을 제공하는 과정에서 고객이 비용을 지불할 만한 가치를 느끼지 못했다면 그것은 진정한 컨설팅 영업이라고 할 수 없다.

예를 들어 고객에게서 '마케팅 자동화marketing automation 시스템을 도입하고 싶다'는 요청을 받았을 때 마케팅 자동화 방법만을 제안하는 것이 아니라, 고객이 왜 마케팅 자동화를 원하는지를 조사하고 분석한 후 '고객님의 마케팅 프로세스를 분석한 결과, 마케팅 자동화보다 ○○○와 같은 간편한 시스템을 영업기획부에 도입하는 편이 판매 지원에 도움이 될 것입니다'라고 제안한다.

고객이 요청한 마케팅 자동화가 영업사원에게 더 큰 이익이 된다 하더라도 해당 시스템이 정말로 고객의 이익을 지원하는지를 생각해야 한다. 고객이 본래 어떤 상태여야 하는지, 문제(진짜 원인)는 어디에 있는지, 고객과 함께 머리를 맞대어 생각하고 제안하는 것이 진정한 컨설팅 영업이다.

제안하기까지의 과정이 고객이 생각을 정리하는 데 도움이 되므로 큰 가치를 제공할 수 있다. 결과적으로 계약이 체결되지 않더라도, 그 과정에서 좋은 관계를 구축했다면 고객은 영업사원을 신뢰하게 된다.

컨설팅 영업의 듣기 능력

컨설팅 영업에는 문제를 해결하기 위한 아이디어뿐만 아니라 현상을 분석하는 능력도 필요하다. 현장에서 나오는 정보를 수집하거나 문헌, 시장 데이터를 분석하는 능력이다.

특히 영업사원은 고도의 듣기 능력이 필요하다. 듣기 능력을 키우기(질문하는 힘을 기르기) 위해서는 우선 1차 정보(사실)가 있어야 한다. 예를 들어 광고회사를 경영한다면 고객이 광고 비용으로 연간 얼마를 사용하고 있는지, 현재 어떤 광고회사를 이용하고 있는지, 어떤 프로모션을 기획하고 있는지, 어떤 광고에 사내 자원을 투입하며, 어느 정도 반응이 있었는지 등 다양한 각도에서 사실 정보(수치와 고유명사 등)를 수집한다.

그런 다음 시장 데이터와 대조한다. 회사의 규모나 업태, 현재 마케팅 전략과 비교해 연간 광고 예산, 사내 자원 배분, 고객의 반응 등 사실 정보를 바탕으로 현재 상황을 분석하고 개선책을 제안한다.

"지하철 광고에 상당한 금액을 지불하고 계신 걸로 알고 있습니다. 더욱 효과적인 교통수단 광고를 제안해드립니다."

모호한 정보를 가지고 제안하는 것이 아니라 어느 노선, 어느 시간대에, 어떤 광고를, 어느 정도의 비용을 들여, 얼마 동안, 1년에 몇 번 진행했었는지 등 알고 있는 사실 정보를 언급하며 광고

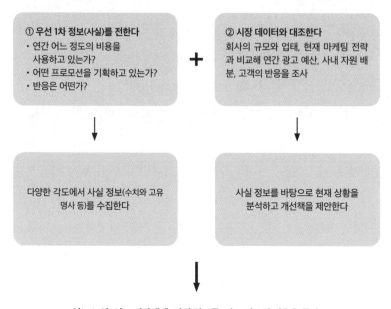

컨설팅 영업은 현상을 분석하는 힘이 필수

① 우선 1차 정보(사실)를 전한다
· 연간 어느 정도의 비용을
  사용하고 있는가?
· 어떤 프로모션을 기획하고 있는가?
· 반응은 어떤가?

+

② 시장 데이터와 대조한다
회사의 규모와 업태, 현재 마케팅 전략
과 비교해 연간 광고 예산, 사내 자원 배
분, 고객의 반응을 조사

다양한 각도에서 사실 정보(수치와 고유
명사 등)를 수집한다

사실 정보를 바탕으로 현재 상황을
분석하고 개선책을 제안한다

어느 노선, 어느 시간대에, 어떤 광고를, 어느 정도의 비용을 들여,
얼마 동안, 1년에 몇 번 진행했는지 등 알고 있는 사실 정보를 언급하며
광고 효과를 더욱 높일 수 있는 아이디어를 제안한다

효과를 더욱 높일 수 있는 아이디어를 제안한다. 이것이 컨설팅
영업의 기본이다.

8

보수가 큰 만큼
위험도 크다

100퍼센트 성과제 영업의 장단점

성과에 따라 보수를 받는 시스템

영업의 보수 체계 가운데 '100퍼센트 성과제'라는 제도가 있다. 100퍼센트 성과제 영업은 보험, 부동산, 통신회선 영업에서 볼 수 있다. 성과에 따라 인센티브를 받는 '성과제'와 비슷해 보이지만 100퍼센트 성과제에는 기본급이 없다.

장점은 누가 뭐라 해도 일만 잘하면 보수가 크다는 점이다. 성과가 크면 클수록 보수가 커진다. 예를 들어 일본의 사업 부지 부동산을 다루는 100퍼센트 성과제 영업은 중개수수료의 40~50퍼센트가 성과보수율로 설정되어 있다. 계약이 성사되면 수천만 원에서 수억 원의 보수를 받을 수 있다.

반대로 단점도 존재한다. 100퍼센트 성과제는 성과와 실적이 보수로 직결되는 엄격한 제도이기 때문에 매출을 올리지 못하면 보수가 없다. 대가가 큰 만큼 위험도 큰 것이 100퍼센트 성과제 영업의 특징이다.

100퍼센트 성과제 영업이 맞는 사람

- 불안정한 상황에서도 자신을 다스릴 수 있는 사람
- 성과가 오르면 오를수록 의욕이 높아지는 사람
- 목표치를 달성하기 위해 주체적으로 생각하는 사람
- 부담감과 초조함에 흔들리지 않는 강한 정신력을 지닌 사람
- 야심과 야망이 있는 사람
- 커뮤니케이션 능력이 뛰어난 사람

앞에서 설명한 '영업의 마술사' 정도까지는 아니더라도 성과를 꾸준하게 올릴 자신이 있다면 100퍼센트 성과제 영업에 도전해봐도 좋다.

100퍼센트 성과제 영업은 개인의 역량과 적성이 중요하므로 자신이 그런 실력과 적성을 갖추고 있는지, 꾸준히 이어갈 수 있을지를 냉정하게 생각해볼 필요가 있다.

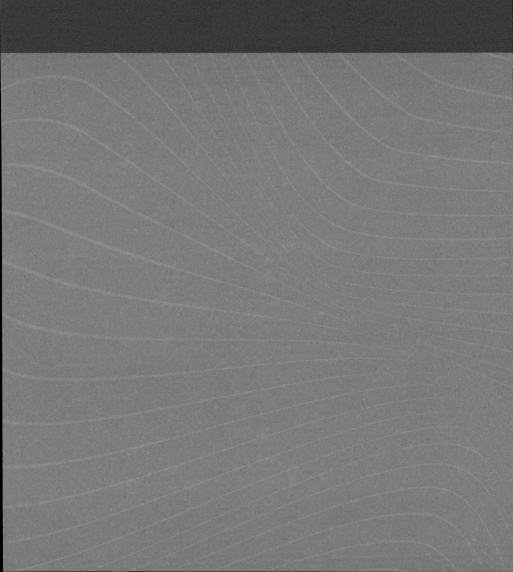

제3장

해야 할 것을
해야 할 때에
제대로 해내라

영업의 프로세스

1

고객과의 첫 만남에서
주의해야 할 점

영업 활동의 첫 단계

영업사원 개인에게 의존하지 않는다

제조업(제조 부문)처럼 물건을 만드는 업종에는 '공정 관리'의 사고 방식이 깊이 퍼져 있다. 매일매일 효율적으로 업무를 처리하기 위해 명확한 관리 규칙과 기준을 만들어둔다.

그러나 영업 부문에는 고객과의 첫 만남부터 계약 완료 후의 서비스 관리까지 정해진 체계가 없다. 같은 회사에 근무하는 열 명의 영업사원에게 "영업의 프로세스가 무엇입니까?"라고 물었을 때 열 명 모두 다르게 대답하는 경우도 많다.

제조 부문은 모든 사원이 규칙과 절차에 따라 작업을 실시한다. 하지만 영업사원은 조직의 일원이긴 하지만 일하는 방식과 과정이 자율에 맡겨진다. 영업사원마다 실적이 다른 이유이기도 하다.

그러나 B2C와 B2B를 막론하고 안정적인 영업 실적을 확보하기 위해서는 개인이 아닌 조직의 힘을 키워야 한다. 조직력을 키우기 위해서는 영업 프로세스를 표준화하여 개인의 영업 방식이 아닌 조직의 방식으로 움직여야 한다.

영업의 프로세스를 세분화하라

정해진 거래처를 찾아다니는 영업(루트 세일즈)은 영업 프로세스를 세분화할 필요 없이 정기적으로 만날 때마다 고객의 바람을 충족해주면 된다.

반면 안건 세일즈는 영업 프로세스를 세분화해야 한다. 영업 프로세스는 크게 다음의 다섯 가지로 분류한다. 각각의 과정을 더욱 정밀하게 나누는 경우도 있지만, 여기에서는 기본 절차에 대해 간단히 알아보겠다.

첫 만남에서 전달해야 하는 것

다섯 가지 과정 중에서 특히 첫 만남을 어려워하는 영업사원이 많기 때문에 자세히 설명하겠다. 첫 만남에는 영업사원이 능동적으로 접촉하는 경우와 고객으로부터 문의를 받는 경우가 있다. 각각의 초기 대응 방식이 다르므로 주의가 필요하다.

능동적으로 접촉하는 경우

영업사원이 먼저 접촉하는 경우, 대부분 고객은 이야기를 들을 준비가 되어 있지 않다. 회사 안내서, 팸플릿, 이벤트 전단지를 가져가서 영업사원 본인을 비롯해 자신의 회사, 취급하는 상품 및 서비스를 소개하는 것이 첫 번째 단계다. 첫 만남에서 고객은 별다른 관심을 보이지 않기 때문에 자주 만나 신뢰 관계를 쌓아야 한다.

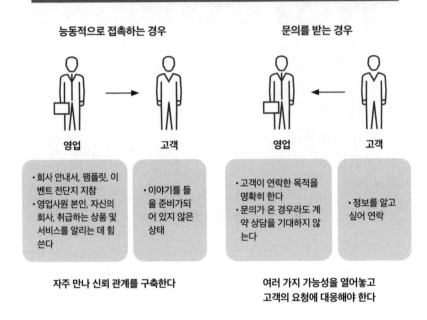

첫 만남에서 전달해야 하는 것

능동적으로 접촉하는 경우

영업 → 고객

- 회사 안내서, 팸플릿, 이 벤트 전단지 지참
- 영업사원 본인, 자신의 회사, 취급하는 상품 및 서비스를 알리는 데 힘 쓴다

- 이야기를 들 을 준비가되 어 있지 않은 상태

자주 만나 신뢰 관계를 구축한다

문의를 받는 경우

영업 ← 고객

- 고객이 연락한 목적을 명확히 한다
- 문의가 온 경우라도 계 약 상담을 기대하지 않 는다

- 정보를 알고 싶어 연락

여러 가지 가능성을 열어놓고 고객의 요청에 대응해야 한다

문의를 받는 경우

고객으로부터 연락을 받은 경우에는 연락한 목적(어떤 용건 때문에 연락했는가)을 명확히 해야 한다. 그러나 문의가 들어왔다고 해서 곧바로 계약 상담을 기대하기에는 이르다. 고객은 정보를 알고 싶다거나 검토하고 싶은 사항이 있을 뿐, 고객으로부터 연락이 왔다고 해서 반드시 계약 상담으로 이어지는 것은 아니다. 여러 가지 가능성을 열어놓고 고객의 요청에 대응하는 것이 중요하다.

첫 만남에서 상대방에게 전달해야 할 정보

능동적으로 접촉하는 경우이건 문의를 받는 경우이건 곧바로 거래 상담으로 이어지는 경우는 많지 않으므로 '거래 상담 이외'에 초점을 두고 대화를 나눠야 한다.

첫 만남에서 상대방에게 정보를 전달할 때는 회사가 전달하고 싶어 하는 정보가 아니라 상대방이 알고 싶어 하는 정보를 제공해야 한다.

만약 '업무 시스템 전반을 재검토하고 싶다. IT 예산을 잡고 있는데 어떻게 해야 할지 모르겠다'라는 질문(문의)을 받았을 때, 영업사원이 "저희 회사에서는 ○○○ 솔루션을 제공하고 있습니다. 이 솔루션의 장점은 △△△입니다. 적극적인 검토 부탁드립니다." 라고 답하면 고객은 '이때다 싶어 팔아치우려는 속셈인 건가'라며 거부감을 느낄 수 있다.

첫 만남에서는 최신 트렌드와 같은 정보를 제공하는 것이 좋다. 상대방으로부터 '업무 시스템을 재검토하고 싶다'라는 문의를 받았다면 실제로 많은 기업들이 업무 시스템을 재검토하고 있는지, 어떻게 반영하고 있는지 등 전문가다운 의견을 제공해야 한다.

"최근에는 업무 효율화를 이유로 많은 기업들이 업무 개선에 필요한 다양한 IT 시스템을 도입하고 있습니다. 회계 업무, 수주·발주, 판매 관리, 재고 관리, 생산 관리 등에 IT 시스템을 활용할 뿐만 아니라 판매 업무, 생산 업무, 서비스 업무와 같은 현장 업무에서도 활용하고 있습니다. 스마트폰, 태블릿 단말기, 컴퓨터, 전용 단말기 도입으로 사내 커뮤니케이션 활성화에 힘을 쏟는 회사도 증가하는 추세입니다. 모바일 단말기를 도입할 경우에는 각각의 장단점이 존재합니다. 먼저 스마트폰의 경우….”

이처럼 최신 트렌드 및 업무 동향을 객관적인 시점으로 전달하면 처음 만난 상대방과 신뢰를 쌓을 수 있다.

판촉물을 활용하라

정보를 제공할 때는 판촉물을 함께 활용하면 고객에게 쉽게 인상을 남길 수 있다.

판촉물(POP, 시제품, 전단지, 회사 안내, 제품 카탈로그, 요금표, 제안서, 웹사이트, 웹진 등)은 아날로그와 디지털을 조합하여 영업 프로세스에 맞춰 활용하는 것이 중요하다.

고객과 효과적으로 관계를 구축하기 위해서는 '어떤 판촉물을 어떤 조합으로 구성하면 좋을까', '이 정도의 이익을 얻기 위해서는 어떤 커뮤니케이션 수법을 사용하고, 어느 정도의 규모로 진행하면 좋을까'를 사전에 검토해야 한다.

고객과 처음 만날 때는 앞서 이야기했던 것처럼 업계의 최신 동향을 체계적으로 정리한 자료(판촉물)를 활용하면 효과적이다.

처음 만난 고객을 대상으로 판촉물을 사용하는 방법에 대해서는 제5장에서 기술한다.

2

소비자의 구매 행동 과정을 이해하라

AIDMA, AISAS, SIPS

아이드마(AIDMA)란

고객의 구매 행동을 분석해보면 '알다 → 관심을 갖다 → 구매 욕구를 느끼다 → 기억하다 → 구입하다'라는 과정을 거친다. 이처럼 소비자가 상품을 인지하고 최종 구매에 이르기까지의 흐름을 체계적으로 정리한 모델이 '아이드마AIDMA'다.

아이드마는 미국의 새뮤얼 롤런드 홀Samuel Roland Hall이 제시한 소비자의 구매 심리 과정이다. '주의Attention → 흥미Interest → 욕구Desire → 기억Memory → 행동Action'의 알파벳 첫 글자에서 따온 말이다.

아이드마는 구매 결정 과정을 '인지', '감정', '행동'이라는 세 가지 단계로 구분한다.

소비자의 구매 행동은 각 단계를 거치는데, 그렇다고 해서 반드

고객의 구매 결정 과정

① 인지 단계

A: Attention(주의)

고객이 상품과 서비스를 모르는 상태

② 감정 단계

I: Interest(흥미, 관심)

상품 및 서비스를 알고 흥미와 관심을 가진 상태

D: Desire(욕구)

상품 및 서비스를 사용해보고 싶다는 욕구가 생긴 상태

M: Memory(기억)

상품 및 서비스를 완벽하게 기억한 상태

③ 행동 단계

A: Action(행동)

구매 행동을 일으킨 상태

시 순서대로 진행되는 것은 아니다. 중간에 멈추거나 이전 단계로 되돌아가기도 하고, 같은 과정을 몇 번이고 반복하기도 한다.

영업사원이 상품과 서비스에 대해 설명했지만(주의 단계가 끝났지만) 고객이 이해하지 못하거나 잊어버리는 경우도 있다. 그럴 때는 다음 단계로 넘어가는 것이 아니라 고객과의 관계를 구축하기 위해 몇 번이고 '주의' 과정을 반복해야 한다.

또한 고객이 상품을 알고 있고(A), 관심이 있고(I), 사용해보고 싶고(D), 완벽하게 기억하는(M) 단계까지 진행되었어도 '회사의 우선순위를 생각하면 아직은 시기상조다', '필요성을 공감하며 도입하고 싶지만 지금은 때가 아니다'라고 판단할 때가 있다. 이런 경우에는 '기억(M)' 단계의 기간이 길어진다. 따라서 장기적인 관점을 가지고 고객의 기억에서 잊히지 않도록 단순 접촉을 반복하여 '행동(A)'으로 이어질 수 있도록 노력해야 한다.

기억(M) 단계에서 만남을 소홀히 하면 고객의 관심이 줄어들거나 다른 회사에 고객을 빼앗기는 경우도 있다.

아이사스(AISAS)란

'아이사스AISAS'는 인터넷에서 직접 정보를 검색하고 공유하는 소비자가 나타남에 따라, 아이드마를 인터넷 시대에 적용할 수 있도

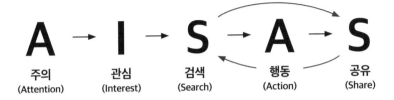

AISAS

A →	I →	S →	A →	S
주의 (Attention)	관심 (Interest)	검색 (Search)	행동 (Action)	공유 (Share)

록 발전시킨 모델이다.

아이드마와 마찬가지로 다섯 단계로 구성되지만, 후반 세 단계

A: Attention(주의)

I: Interest(흥미, 관심)

S: Search(검색)

상품의 존재를 알고 관심이 생긴 소비자가 상품명 혹은 관련 키워드를

검색해 정보를 얻는 것

A: Action(행동)

S: Share(공유)

상품 구매 후 블로그나 SNS 등 소셜미디어를 통해 소비자끼리 상품에

대한 감상을 공유하는 것

가 아이드마와 다르다.

아이사스는 소비자의 능동적 행동인 '검색'과 '공유'를 추가한 모델이다. 소비자의 행동이 구매에서 끝나는 것이 아니라 경험을 공유하는 것까지를 포함한다.

모든 정보가 네트워크로 공유되는 시대에는 아이드마보다 아이사스가 소비자의 구매 행동을 파악하기에 더 적합하다고 생각할 수 있다. 그런데 내 의견은 조금 다르다. 인터넷이 보급되면서 소비자 간의 정보 공유가 활성화되기는 했지만, 그 대상은 대부분 일반 소비재(일용품)에 해당한다. 예를 들어 자동차, 가전제품, 건강식품 등 TV 광고에 자주 노출되는 상품은 인터넷에 검색해본 후 구매를 결정한다. 그러나 일본의 약 400만 개 회사 중 일반 소비재를 다루는 기업은 많지 않다. 특히 법인 고객은 상품을 직접 검색해서 구매하거나 구입한 상품을 SNS에 공유하지 않는다.

예를 들어 와이어 판매회사로부터 와이어를 구입한 건축회사에서 "A사에서 구입한 와이어는 튼튼하고 견고해요. 와이어를 사용해본 후에 이 회사 제품이 마음에 들어 추락 방지 선반도 추가로 구매했어요!"라며 페이스북이나 인스타그램에 업로드하지 않는다. 주로 일반 소비재를 취급하는 제조사에서는 아이사스의 영업 프로세스를 사용하는 편이 좋다.

십스(SIPS)란

또한 소셜미디어가 중심인 최근에는 '십스SIPS'라는 소비 행동 모델을 추천한다. 이 모델은 소셜미디어가 주류인 시대의 소비자 행동 패턴을 '공감Sympathize → 확인Identify → 참가Participate → 공유·확산 Share & Spread'으로 간단하게 정리한다.

이처럼 알파벳 네 글자 혹은 다섯 글자 안에 서로 다른 새로운 개념이 포함되어 있다. 앞으로도 꾸준히 등장할 것이다.

웹 전략이나 인터넷 마케팅을 실시할 때는 아이사스와 십스의 개념을 이해하는 것도 중요하지만, 넓은 의미에서 영업 활동을 생각한다면 고전적인 아이드마의 영업 프로세스를 기본으로 해두는 것이 좋다.

3

영업은 준비가 모든 것

방문 준비

첫 만남 준비

고객을 만나기 전에 상대방의 정보를 확인하는 것이 영업의 기본
이다. 고객 정보를 확인하지 않은 채 상품 카탈로그와 전단지만
들고 찾아가는 방법은 단순 판매에 불과하다. 고객의 이익을 지원
하는 제안 영업이 아니다.

처음 만날 때는 고객사의 홈페이지를 참고해 회사의 큰 틀을 파

악한다. 그리고 홈페이지나 블로그, 홍보 트위터 등 인터넷에서 확인할 수 있는 최신 정보를 사전에 확인한다. 최근에는 기업 정보, 뉴스 수집·분석을 자동으로 해주는 인터넷 사이트도 있으니 활용해보면 도움이 될 것이다.

B2C 영업에서도 갑작스럽게 고객을 찾아가는 상황이 아닌 이상 예전에 고객을 만났을 때나 이벤트에 참가했을 때 받아둔 설문조사 등의 정보를 사전에 반드시 확인한다.

정기 접촉 과정의 준비

첫 만남 이후에 이루어지는 정기 접촉(물 주기) 과정에서 주의해야 할 점이 있다. 첫 만남 이후 고객이 상품에 관심이 생겨 곧바로 거래 상담으로 이어지면 좋겠지만, 그렇지 않다면 관계의 꽃이 필때까지 정기 접촉을 반복해야 한다.

B2B 영업이라면 한 달에 한 번이 적절하다. 루트 세일즈라면 몰라도 아직 관계가 구축되지 않은 상태에서 자주 찾아가면 오히려 부정적인 이미지가 생길 수 있다. B2C 영업에서 구체적인 용건 없이 고객의 집을 찾아가거나 전화하는 것은 금기 사항이다. 편지나 이메일, 홍보 전단지를 이용해 자주 연락한다.

정기 접촉 과정에서 영업 실적의 차이가 생긴다(서비스 관리 과

정도 중요하다). 앞서 소개한 '중요-긴급 매트릭스'로 빗대어 말하면, 중요하지만 긴급하지 않은 접촉 과정을 어떻게 활용하느냐에 따라 실적이 달라진다.

성과를 내지 못하는 영업사원일수록 눈앞의 숫자에 집착한다. 고객은 본능적으로 '이 사람은 나를 고객으로 보는 것이 아니라 실적을 달성하기 위한 수단으로밖에 보지 않는다'고 느낀다. 첫 만남에서 "관심은 있지만 당장은 필요하지 않아요."라고 말한 고객과 정기 접촉을 진행할 때는 고객의 입장을 충분히 고려해야 한다.

"근처에 일이 있어서 왔다가 잠깐 들렀어요."라고 말할 때도 준비는 완벽하게 되어 있어야 한다. 처음 만날 때와 마찬가지로 고객의 기업 정보를 확인해야 한다. 이전에 무슨 대화를 나누었는지, 고객이 어떤 말을 했는지를 메모나 영업 관리 시스템Sales Force Automation, SFA에 기록해두었다가 수시로 확인한다(SFA에 대해서는 제9장에서 자세하게 설명한다).

개인 고객에게 편지나 이메일을 보낼 때도 고객의 입장을 고려해 한마디 덧붙이면 좋다. 이처럼 관계를 구축할 때는 단순 접촉도 중요하지만, 고객의 입장을 배려하지 않으면 효과는 한정적으로 나타날 수밖에 없다.

요즘은 스마트폰과 태블릿 단말기의 보급으로 이동 중에도 정보를 확인할 수 있다. SFA를 도입한 회사라면 이전에 고객과 나누었던 대화 내용도 스마트폰으로 확인할 수 있다.

B2B 영업

B2C 영업

- 한 달에 한 번 정도 방문
- 거래 상담이 진행되고 있지 않은 상태에서 자주 찾아가면 오히려 부정적인 인상을 준다

- 구체적인 용건 없이 고객의 집을 찾아가거나 전화하는 것은 금기
- 편지나 메일, 홍보 전단지를 이용해 자주 연락한다

'중요하지만 긴급하지 않은' 정기 접촉 과정을 어떻게 활용하느냐에 따라 실적이 달라진다

단순 접촉은 무난한 대화를 나누기만 해도 된다. 여기서 '무난한'이란 '어렵지 않은', '손해 볼 내용이 없는', '가벼운' 내용을 말한다. 시사든 날씨 이야기든 공유할 수 있는 주제를 선택한다. 무난한 대화를 나눌 때도 확실한 준비는 필요하다.

4

고객이 거래 상담을
원할 때

상담 프로세스와 제안서 작성법

거래 상담을 진행하기 위한 포인트

정기 접촉을 반복하다가 드디어 고객이 거래 상담을 원할 때, 구체적인 상담을 실시한다.

"이쯤에서 진지하게 검토해볼까라고 사장님께서 말씀하셨어요."라는 말을 들었을 때 "그렇다면 구체적인 제안서를 준비하겠습니다."라고 말한 후, 정기 접촉을 수시 접촉으로 바꾼다. 고객이 마음을 바꾸기 전에 상담 일정을 빠르게 정하는 것이 중요하다. 약속을 정하는 방법을 기억해두길 바란다.

　개인의 판단은 멀리하고 조직의 입장에서 약속을 정하는 것을 규칙으로 삼는다. 상담 내용도 중요하지만, 약속을 정하는 방식 또한 매우 중요하다.

상담 약속 잡기

약속을 정할 때는 직접 만나서 날짜를 조율한다. 전화나 메일로 약속을 정하는 방식은 되도록 피한다. 고객이 먼저 요청한 경우라면 "구체적인 제안서를 준비하겠습니다."라고 말한 후 곧바로 "간단한 제안서를 작성해서 직접 찾아뵙겠습니다. 다음 주에 한 시간 정도 시간을 내주시면 될 것 같습니다. 언제가 괜찮으신가요?"라며 약속을 잡는다. "다음 미팅 일정은 전화나 메일로 연락드리겠습니다."라고 말해서는 안 된다.

　만약 고객이 "지금 당장 스케줄 확인이 어려워요." "수첩을 책상에 두고 왔어요."라고 말하면 다음과 같이 부탁한다.

　"부장님이 항상 바쁘신 것은 저도 잘 압니다. 제가 여러 번 전화를 드리면 일하시는 데 더욱 방해가 될 테고, 그렇다고 메일로 연락을 드리려니 그것도 부장님 시간을 많이 빼앗는 것 같아서요.

가능하면 지금 바로 다음 일정을 정하는 편이 부장님도 좋지 않으실까요?"

자신 때문이 아니라 고객에게 부담을 주고 싶지 않다는 마음을 표현해야 한다. 그렇게 하면 수첩을 바로 확인하거나 비서에게 연락해 스케줄을 확인해준다.

만약 부탁을 거절당하면 이후의 상담 과정에서도 주도권을 잡기 힘들어진다. 반복적인 상담을 통해 계약을 진행하는 영업 활동에서 영업사원은 시간적 부담과 정신적 스트레스에 시달린다. 모든 상담에 최선을 다하다 보면 지치기 마련이다. 불확실한 영업 활동에서는 약속을 정하는 순간에 고객의 진심을 파악할 수 있어야 한다.

제안서 작성법

고객에게 제안서를 제시하는 경우는 솔루션 영업이나 컨설팅 영업일 때뿐이다. 고객의 니즈가 확실하다면 간단한 상품 설명서나 견적서로 충분하다.

제안서를 작성할 때는 사전에 반드시 전체적인 그림을 그려본다. 제안서의 전체 개요를 대략적으로 종이에 적어보는 것이다. 이때는 '탭스TAPS'로 정리하면 이해하기 쉽다.

탭스란 해야 할 일To Be, 현재 상태As Is, 문제Problem, 해결책Solution의 머리글자를 딴 키워드다.

고객의 문제를 해결하기 위해 제시하는 것이 제안서이므로 우선 '문제'에 대한 명확한 정의를 내려야 한다.

문제란 '해야 할 일'과 '현재 상태'의 차이다. 따라서 고객이 해야 할 일과 현재 상태를 먼저 조사해야 한다. 현재 상태를 알지 못하면 문제를 특정할 수 없으며 해결책도 제시할 수 없다. 해야 할 일은 고객의 이야기를 들어도 좋고, '이 업계에서 이 정도의 규모라면 이 정도 수준에는 도달해야 합니다'처럼 방향성을 제시하는 것도 좋다.

현재 상태를 이해하기 위해서는 조사 작업이 필요하다. 현재 상태를 파악하고 제안서를 작성하기 위한 조사를 영업 프로세스에 포함해야 한다. 만약 현재 상태를 파악할 수 없다면 '많은 기업이 이러한 상태입니다'라는 수치적 근거를 제시해야 한다.

1차 정보와 2차 정보

제안서 작성은 1차 정보 수집에서 시작한다. '나는 이렇게 생각한다'라는 주관과 의견(2차 정보)을 배제하고 객관적 사실을 제시해야 상대방을 설득할 수 있다. 예를 들어 바닥에 이불을 펴고 자는 고령의 여성에게 침대 구매를 제안하는 경우, 다음처럼 객관적 데이터를 제시해야 한다.

"도쿄가스 도시생활연구소 조사에 의하면 잠잘 때 침대를 이용하는 사람의 수는 1990년부터 증가하기 시작해 2014년에는 인구 수의 절반을 넘겼다고 합니다. 연령별로 살펴보면 특히 70대 여성의 침대 이용 비율이 높습니다. 고령의 여성 중에는 무릎과 허리의 통증을 호소하는 사람이 많고, 이불을 올렸다 내렸다 하기 힘들기 때문에 부담이 덜한 침대를 선택하고 계십니다. 또한 먼지는 바닥 위를 떠다니기 때문에 이불을 사용하면 훨씬 많은 먼지를 흡입하게 됩니다. 고령자가 먼지를 마실 경우 호흡기에 영향을 미쳐 수면의 질이 저하되기 쉽습니다. 데이터를 보면 알 수 있듯이 고령자일수록 침대로 바꾸는 것이 좋습니다."

이처럼 '주로 건강 때문에 많은 고령자가 침대를 사용한다'라는 사실을 데이터로 증명하면 '사회적 증명의 원리'가 작동한다. 사회적 증명의 원리란 자신의 판단보다 주변 사람의 판단이 옳다고 생각하는 심리 작용이다. 사람은 어떠한 행동을 할 때 타인의 행동을 의식하는 경향이 있다. '다른 사람들이 그렇게 하고 있는데 나만 따라 하지 않는 건 손해야'라는 생각 때문에 주변의 움직임을 따른다.

솔루션 영업의 제안 프로세스는 탭스의 흐름을 참고한다.

> ① '해야 할 일'을 제시한다 (To Be)
>
> ② 객관적 데이터를 바탕으로 '현재 상태'를 분석한다 (As Is)
>
> ③ 현상과 해야 할 일의 차이, '문제'를 명확히 한다 (Problem)
>
> ④ 문제를 해결하기 위한 아이디어를 제안한다 (Solution)

제안서에는 행동 계획, 스케줄, 프로젝트 체제, 효과, 견적서 등을 빠짐없이 기록해야 한다. 계획 A, 계획 B, 계획 C 등 예산에 맞춘 제안 내용을 세 가지 버전으로 준비하면 고객도 의사결정을 내리기 쉽다.

제안서의 페이지 구성하기

간단한 제안서 작성을 위해 구성은 '제목(A)→ 도표(B)→ 정리(C)'를 기본으로 한다. 'A는 B이니까 C다'라고 머릿속에 기억해두자.

Part 1(제목)

먼저 페이지 가장 위에 제목을 쓴다. 목차 페이지가 있다면 페이지별 제목은 목차에 맞춘다. 그리고 제안서를 구성할 때 '제목(A)'에는 주어를 넣는다. 예를 들어 '귀사의 과제', '서부 지역 사업

부의 상황', '방침 적용률', '귀사의 신규 채용 상황', '당사가 제안하는 솔루션', '과제 해결 과정', '견적 금액' 등이다.

Part 2(도표)

페이지의 마지막을 '정리(C)'로 마무리하기 위해 논거와 증거를 간단한 도표(숫자)를 사용해 객관적으로 제시한다. 예를 들어 '귀사의 과제'가 제목이라면 10년 치 부문별 매출변동추이 표를 싣는다. '귀사의 신규 채용 상황'이라면 5년간 신규 채용 상황을 동종업계 회사와 비교한 그래프를 삽입한다.

이 부분에는 긴 설명을 쓰지 않는다. 간략한 설명문으로 이해시킬 수 없다면 도표에 문제가 있는 것이다. 제안서로 모든 내용을 설명하기보다 영업사원이 직접 설명할 부분을 남겨둔다. 고객에게 설명할 때는 고객이 직접 메모를 남길 수 있게 유도하는 것도 중요하다. 적당한 여백을 남겨둔다.

Part 3(정리)

가장 중요한 내용을 짧은 문장으로 정리한다. '귀사의 과제'가 제목(A)이고 '10년 치 부문별 매출변동추이 표'가 도표(B)라면 정리(C)는 'X사업부와 Y사업부 이외는 10년 동안 20퍼센트 이상 매출 하락'이다.

제목(A)이 '귀사의 신규 채용 상황'이고 도표(B)가 '5년간 신규 채용 상황을 동종업계 회사와 비교한 그래프'라면 정리(C)는 '동종업계 평균치와 비교해 신규 채용자 수가 현저하게 적다'가 된다.

제안서에서 사용하는 대표적인 도표와 특징은 다음과 같다.

대표적인 도표와 특징

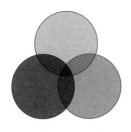

벤다이어그램
복수의 집합 관계를 시각적으로 표현한 도표
예: '고객 설문 조사 결과'

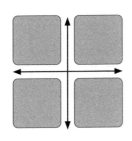

매트릭스 차트
복수의 대상을 비교하거나 우선순위를 나타내는 도표
예: '고객의 니즈·원츠 분석표

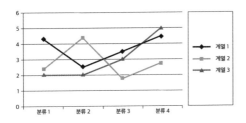

꺾은선 그래프
시간 경과에 따른 데이터
변화를 나타낸 그래프
예: '최근 5년간 전시회
방문자 수 추이'

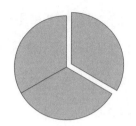

원 그래프

구성 비율(전체에 대한 비율)을 표현하는 데 적절한 그래프
예: '지역 공장별 출하 금액'

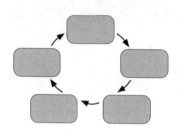

순환도

PDCA 등 사이클을 반복하는 과정을 표현한 도표
예: '비용 삭감 프로젝트의 운용 사이클'

프로세스표

업무 및 공정 프로세스를
시각적으로 표현한 도표
예: 'IT 솔루션 도입 순서'

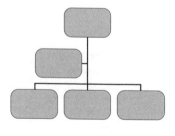

로직 트리

문제 요인을 분석하고 정리해 트리 형태로 표현한 도표
예: '공장 가동률을 높이기 위한 논점 정리'

5

조직의 힘을 활용해
난관을 극복하라

조직력을 활용한 상담 진행 방법

제안 과정에서 주의할 점

제안 과정에서 중요한 것은 '패턴화'다. 매번 고객에 맞춰 제안서를 작성하는 방식은 비효율적이다.

과거의 경험을 바탕으로 해결책은 패턴화되어 있는 경우가 많고, 고객이 안고 있는 문제도 고객의 속성에 따라 중복되는 경우가 적지 않다. 따라서 처음부터 내용을 작성하기보다 60~70퍼센

제안 내용을 패턴화한다

제안서 ・매번 고객 맞춤으로 제안서를 작성하는 방식은 매우 비효율적
・60~70퍼센트는 기존의 제안서를 활용하고, 30~40퍼센트 정도만 수정한다

제안서를 새로 작성해야 하는 고객보다
기존의 제안서를 30~40퍼센트 정도만
수정하면 되는 고객을 찾는다

트는 기존의 제안서를 활용하고, 30~40퍼센트 정도를 수정하는
방식이 가장 이상적이다.

효율적으로 성과를 올리기 위해서는 제안서를 새로 작성해야
하는 고객보다 기존의 제안서를 30~40퍼센트 정도만 수정하면 되
는 고객을 찾아야 한다. 고객의 문제를 해결하고 만족을 이끌어내
기 위해서는 고객을 찾는 과정이 매우 중요하다.

거래 상담 진행 요령

영업 활동에서는 고객과 만나는 횟수를 늘리면서 신뢰 관계를 쌓
아가야 한다. 그러나 매번 같은 사람만 만나거나 담당자에게 결재

권이 없다면(혹은 상담을 진행할 생각이 없다면) 자주 만나더라도 거래 상담으로 이어지지 않는다. 교착 상태를 해결하고 거래 상담으로 이어가기 위해서는 거래처의 '핵심 인물(결재권자)'과 만나야 한다.

그러나 거래처의 핵심 인물을 만나는 것은 쉬운 일이 아니다. 핵심 인물과 만나기 위해서는 혼자서 해결하려 하지 말고 상사에게 도움을 요청해야 한다. 상대방과 같은 직책의 사람이 움직이는 것이 중요하다.

우선 상사에게 도움을 요청하고 조직이 적절하게 움직이도록 한다. 그러기 위해서는 평상시에 선배나 상사들과 좋은 관계를 구축해두어야 한다.

6

서비스 관리로
팬을 만들어라

계약 후 관리

고객을 팬으로 만들어라

앞에서 말한 '중요-긴급 매트릭스'로 생각했을 때, 고객과의 신뢰 관계에 꽃을 피우기 위해서는 물 주기(정기 접촉) 과정과 계약 후 서비스 관리 과정이 매우 중요하다. 이 과정을 소홀히 하기 때문에 실적에서 큰 차이가 발생한다.

영업사원은 거래처(기존 고객)로부터 새로운 상담과 추가 주문이 들어올 수 있도록 계약 후에도 서비스 관리에 최선을 다해야 한다. 꾸준히 관리하면 영업 비용(돈, 시간, 노력)을 아낄 수 있다.

상품을 납품한 후에도 꾸준히 만나면서 유익한 정보를 제공하고 상품에 대한 사용 후기를 확인하면 고객의 충성도를 높일 수 있다. 고객의 신용을 얻고 그 신용을 지키기 위해서는 주기적으로 만나 대화를 나눠야 한다.

제4장

고객의 반응이 아니라
문제 해결에
집중하라

영업의 기술

1

1등은 첫 미팅이 아니라
세 번째 미팅에 전력을 다한다

고객과의 미팅에서

인상 = 습관의 축적

영업은 첫인상이 중요하다. 옷차림, 표정, 자세, 명료하고 이해하기 쉬운 말투 등 좋은 첫인상을 위해 노력해야 할 요소들이 많다.

그렇지만 첫인상이 모든 것을 결정하는 것은 아니다. 처음에 좋은 인상을 주지 못했다고 해서 상대방과의 관계를 비관할 필요도 없다. 왜냐하면 타인에게 주는 인상에는 첫인상 외에도 두 번째

- **첫 번째 인상**

  상대방을 처음 봤을 때, 상대의 겉모습에서 얻는 시각 정보와 목소리의 크기나 밝기로 받아들이는 청각 정보.

- **두 번째 인상**

  짧은 만남을 통해 느낀 상대방의 인상. 특히 취업 시 면접에서 중요한 항목. 대화의 내용과 답변할 때의 행동을 통해 판단한다.

  "처음 봤을 때는 괜찮았는데 막상 대화를 나눠보니까 별로였어. 자기중심적인 느낌이 강하더라고."

  "처음에는 사람이 좀 어두워 보였는데 대화를 해보니까 냉철하고 논리적인 사람이더라고. 판단 능력이 뛰어나 보였어."

  이처럼 '처음에는 어떠어떠한 인상이었지만 곧바로 다른 느낌을 받았다'고 하는, 첫 번째 인상과의 차이로 인해 생기는 인상이다.

- **세 번째 인상**

  오랜 시간 동안 지켜본 행동과 결과로 판단하는 인상. 첫 번째 인상과 두 번째 인상이 '점의 정보'라면 세 번째 인상은 '선의 정보'다. 예의 바른가, 불평불만을 늘어놓지 않고 조직에 공헌하는가, 고객의 문의에 발 빠르게 대응하는가 등 행동 습관이 주는 인상이다.

인상과 세 번째 인상이 있기 때문이다.

고객의 기억 속에는 말이 주는 인상보다 행동 습관이 주는 인상이 강하게 남는다. 고객의 신뢰를 얻기 위해서는 '무슨 말을 할 것인가' 이상으로 '무엇을 할 것인가', '무엇을 계속할 것인가'를 중요하게 생각해야 한다.

정교한 세일즈 토크를 구사하더라도 신뢰가 없다면 고객은 마음을 열지 않는다. 그렇다면 어떻게 해야 신뢰를 쌓을 수 있을까? 우직하고 성실하게, 정직하고 꾸준하게 고객과의 접점을 찾아 도움이 되는 정보를 제공해야 한다.

어떤 인상이든 인상은 습관의 축적에서 생겨나게 된다. 평소에 외모를 가꾸지 않는 사람이 중요한 날 급하게 꾸민다고 해서 금세 단정해지는 것은 아니다. 넥타이가 풀려 있거나 구겨진 셔츠를 입고 있을 때 '우연히 그날만 그랬던 거겠지'라고 생각하는 사람은 아무도 없을 것이다. 마찬가지로 '좋은 사람'인 척 연기를 해도 상대방은 알아차린다.

고객은 좋은 습관을 지닌 영업사원을 신뢰한다. 가방, 시계, 볼펜은 구매하면 되지만 정리된 머리, 깨끗한 손톱, 반듯한 넥타이, 주름지지 않은 셔츠는 평소의 좋은 습관 없이는 갖출 수 없다.

가장 중요한 세 번째 인상

고객과의 신뢰 관계를 돈독히 하기 위해 가장 주의해야 할 것은 세 번째 인상이다. 첫 번째 인상과 두 번째 인상이 좋았어도 세 번째 인상이 나쁘면 상대방에게 더 큰 실망감을 안겨주게 된다.

'외모도 깔끔하고 대화도 잘 통했지만, 막상 계약을 진행했더니 해야 할 일을 전혀 하지 않는다'라는 식으로 부정적인 평가를 받고 만다. 그리고 '해야 할 일을 하지 않는 영업사원', '일이 느린 영업사원'이라는 불명예스러운 딱지가 붙게 된다.

반대로 첫 번째 인상과 두 번째 인상이 나빠도 세 번째 인상이 좋으면 충분히 만회할 수 있다.

"첫 만남에서는 특별한 인상을 받지 못했는데, 계속 만나보니 다르더라고. 의외로 노력파에 불평불만도 늘어놓지 않았어. 묵묵하지만 일 처리가 빠른 영업사원이야."

이처럼 좋은 인상을 줄 수 있다. 서툰 사람일수록 착실하게 노력해서 인정받게 되면 세 번째 인상이 더욱 좋아진다.

이상적인 방법은 모든 인상을 좋게 만드는 것이다. 하지만 그중에서 가장 중요한 것은 세 번째 인상이다.

2

상황에 따라
세 가지 표정을 다르게

언어 커뮤니케이션과
비언어 커뮤니케이션

표정을 의식한 비언어 커뮤니케이션

커뮤니케이션에는 말을 사용하는 '언어 커뮤니케이션'과 말 이외
의 전달 수단을 이용하는 '비언어 커뮤니케이션'이 있다.

일본에서 명란젓을 판매하는 '후쿠야'라는 회사가 있다. 다수의
매장을 운영하고 있는 이 회사가 실시한 고객 설문 조사에서 매
우 흥미로운 결과가 나왔다. 고객에게 '점원의 서비스 태도'와 함

- **언어 커뮤니케이션**

  이야기의 내용, 수화, 필담 등. 추상적·논리적 표현에 뛰어나다.

- **비언어 커뮤니케이션**

  몸짓, 손짓, 표정, 목소리의 톤, 외모, 인상 등. 대인관계에서 언어 커뮤니케이션보다 감정, 태도, 성격 등에 관해 훨씬 많은 정보를 전달한다.

께 '상품의 맛은 어떻습니까?', '가격은 적절했습니까?'라고 물었는데, 조사 결과 '점원의 서비스 태도가 좋았다'라고 대답한 사람은 거의 100퍼센트가 '맛도 좋고, 가격도 적절하다'라고 답했으며, '비싸다'라고 답변한 사람은 한 사람도 없었다. 그런데 '점원의 서비스 태도가 좋지 않았다'라고 대답한 사람은 대부분 '맛도 없고, 가격도 비싸다'라고 답했다. 같은 상품이지만 점원의 서비스 태도에 따라 맛이 달라지고, 가격에 대한 인상도 달라진 것이다. 회사는 설문 조사 결과를 바탕으로 철저한 사원 교육을 진행했으며 이후 매출이 상승했다. 서비스 교육을 통해 고객의 만족도를 높이면 결과적으로 매출이 상승한다는 좋은 사례다.

서비스 태도는 그야말로 비언어 커뮤니케이션의 집합체다. 고객이 직원에게 말을 걸려고 했을 때 직원끼리 수다를 떨고 있거나 의욕이 없어 보이는 등 무성의한 태도를 보여서는 안 된다. 언제나 밝고 씩씩하게, '무엇이든 물어보세요'라며 적극적인 자세를 보여야 한다.

비언어 커뮤니케이션은 표정, 자세, 어조, 목소리의 리듬, 몸짓의 양과 속도 등 다양하다. 그중에서도 가장 큰 영향을 주는 것이 표정이다. 영업사원이라면 전략적으로 표정을 바꿀 수 있는 기술을 몸에 익혀야 한다. 커뮤니케이션의 표정은 크게 세 가지로 나뉜다.

커뮤니케이션의 표정

① 오픈 페이스

웃는 표정, 마음을 열고 짓는 미소. 긴장감을 풀어주며 주변 분위기를 편안하게 만든다.

② 뉴트럴 페이스

기본 표정. 아무것도 의식하지 않았을 때의 표정으로 주변에 영향을 주지 않는다.

③ 클로즈 페이스

진지한 표정, 엄격한 표정. 주변에 긴장감을 조성한다.

표정이 중요한 비언어 커뮤니케이션에서는 오픈 페이스, 뉴트럴 페이스, 클로즈 페이스를 상황에 따라 다르게 사용해야 한다.

동양인은 대체로 서양인에 비해 표정이 적기 때문에 일부러 신경 써서 표정을 만들지 않으면 상대방에게 표정 변화를 전달할 수 없다. 영업사원과 판매사원을 대상으로 '말하는 방법'에 대한 연수를 진행할 때는 어떤 표정을 만들면 좋은지를 상황별로 설명한다.

영업사원이 고객과 마음의 거리를 좁히기 위해서는 우선 부드러운 오픈 페이스를 유지해야 한다. 그리고 '이때다!' 싶을 때 클로즈 페이스로 바꾼다. 거리가 좁혀졌을 때 적극적으로 다가가는 것이 중요하다.

상황별 표정 만드는 법

- **상황 ① 고객과 단순 접촉·제품 설명·거래 상담**

  오픈 페이스로 대응. 부드러운 미소로 편안한 분위기를 만든다.

- **상황 ② (비교적 강하게) 마무리**

  클로즈 페이스로 대응. 제품 설명을 오픈 페이스로 시작해서 진지한 표정으로 마무리 지어야 상대방에게 강렬한 인상을 줄 수 있다.

- **상황 ③ 고객에게 거절당했을 때**

  뉴트럴 페이스로 대응. 아쉬운 결과가 나와도 싫은 표정(클로즈 페이스)을 보이지 않는다.

- **상황 ④ 고객에게 주문을 받았을 때**

  자연스러운 오픈 페이스로 대응한다. 수줍은 미소가 아닌 함박웃음으로 기쁨을 표현한다.

3

옷은 고객의
눈으로 골라라

영업사원의 스타일

옷도 영업 전략 중 하나다

영업사원에게는 옷도 하나의 전략이다. 설득의 효과는 어떤 옷을
입고 있는가에 따라 확연하게 달라진다. 따라서 자신의 취향대로
복장을 선택해서는 안 된다.

판단 기준은 '효과의 유무'다. 스포츠와 마찬가지다. 예를 들어
수영선수가 수영복을 선택할 때는 디자인이나 취향이 아닌 기록에

도움이 되는가를 고려해 결정한다. 영업사원도 항상 정장을 입어야 하는 것은 아니지만, 고객과의 관계를 유지하고 주도권을 잡기 위해서는 유리한 의상을 선택해야 한다. 이것이 영업의 기본이다.

그렇다면 어떤 복장을 선택해야 할까? 회사의 규정에 따라 다르겠지만, 비교적 자유롭게 입어도 된다면 다음의 두 가지 포인트를 주목하길 바란다.

① 편한 옷은 피해라

편한 옷을 고르면 설득 효과가 떨어질 우려가 있다. 예를 들어 ① 후줄근한 트레이닝복에 슬리퍼 ② 폴로셔츠에 청바지 ③ 정장에 넥타이 ④ 회사 유니폼 중에서 가장 설득력이 높은 의상은 ④ 회사 유니폼이다(이것을 '유니폼 효과'라고 한다).

'쿨비즈(노타이, 노재킷, 반팔 셔츠)'를 부정할 의도는 없지만, 특히 반팔 셔츠는 상대방에게 느슨한 인상 혹은 가벼운 인상을 주므로 피하는 편이 좋다. 《성공하는 남자의 옷차림》의 저자 존 T. 몰로이John T. Molloy의 조사에 따르면 리더와 임원이 반팔 셔츠를 입은 회사는 그렇지 않은 회사에 비해 직원의 지각률이 12퍼센트나 높았다. 즉 직원들은 반팔 셔츠를 입은 임원을 편하게 생각하는 경향이 있다는 사실을 뒷받침하는 데이터다. 반팔 셔츠를 입고 출근한 날, 갑자기 고객과의 미팅이 잡히면 되도록 재킷을 걸치기 바란다.

② 상대방 의상에 맞춰라

영업사원의 기본은 '정장'이다. 그러나 정장도 고객의 의상과 지나치게 대비되지 않도록 상대방 스타일에 맞추는 노력이 필요하다.

예전에 한 철공소 컨설팅 모임에 참석했을 때의 일이다. 철공소에서는 많은 사원들이 넥타이를 착용하지는 않지만 작업복 안에 와이셔츠를 입는다. 무더운 여름날 한 영업사원에게 다음과 같은 말을 들었다.

"요코야마 씨는 항상 정장을 갖춰 입으시잖아요. 너무 더워 보이는 데다 빈틈이 없어 보여서 마음을 열기 어려워요."

쿨비즈 캠페인이 없던 시절의 내 복장은 넥타이, 재킷, 긴팔 셔츠가 기본이었다. 그런데 '마음을 열기 어렵다'라는 말을 들은 후부터 모임 중에는 재킷을 벗고 넥타이를 풀었다.

영업사원의 복장에는 개성이 필요하지 않다. 자신이 입고 싶은 옷을 입는 것이 아니라 '고객의 눈'으로 선택해야 한다.

4

대화도 준비하는 것이다

영업사원의 대화 기술

가벼운 대화는 인생의 기술

다른 직종과 달리 영업에서는 가벼운 대화 기술이 큰 무기다. 다른 직종이라면 업무 시간에 20~30분 동안 동료들과 대화를 나누고 있으면 상사에게 꾸중을 들을지 모른다. 그러나 영업사원은 고객과 얼마나 자주 가벼운 대화를 나눌 수 있는가로 역량을 시험받는다고 해도 과언이 아니다. 영업사원에게 가벼운 대화는 그만큼 중요한 기술이다.

고객과 편안하게 이야기를 나눌 수 있고, 별것 아닌 가벼운 대화로 시간을 보낼 수 있는 특별한 힘은 AI나 로봇으로 대체할 수 없는 영업사원만이 가진 엄청난 재능과 기술이다.

이후 새로운 사업을 시작하든, 안정된 가정을 꾸리든, 퇴직 후 노년을 즐기든 가벼운 대화 기술은 모든 면에서 활용할 수 있는 인생의 기술이 된다. 일을 하면서 가벼운 대화 기술을 몸에 익히길 바란다.

고객의 안전 욕구를 채워라

사람은 긴장하면 제대로 된 실력을 발휘하지 못한다. 올바른 판단을 내리지 못하며, 심각한 경우에는 사고가 멈추기도 한다. 그래서 많은 사람들은 '안전 욕구'를 채우고 싶어 한다. 욕구를 충족한 후에는 더 높은 차원의 욕구를 바라게 된다.

고객도 마찬가지다. 영업사원에게서 솔깃한 제안을 받거나 자신의 회사에 큰 이익이 되는 정보를 들었더라도 상대방에게 마음을 열 수 없으면 검토조차 하지 않는다. 안전 욕구가 채워지지 않았기 때문이다.

그래서 영업사원은 아직 관계가 구축되어 있지 않은 고객을 만날 때 우선 고객이 편안하게 생각할 수 있는 분위기를 만들어야 한다. 고객이 '상품에 관한 이야기를 듣고 싶다', '상담하고 싶은 내용이 있다'고 하는 상황이라면 몰라도, 보통은 가벼운 대화로 편안한 분위기를 만드는 것부터 시작한다.

키워드로 알아보는 가벼운 대화의 기초

고객과 나누는 가벼운 대화에서는 이야기를 이끌어내는 '듣는 힘'이 필요하다. 이 부분에 대해서는 나중에 자세히 이야기하도록 하고, 지금은 영업사원이 가벼운 대화를 나눌 때 고려해야 할 포인트를 먼저 정리해보겠다.

우선 다음의 키워드를 기억하길 바란다. 상대방에 대한 정보가 많지 않을 때 최소한의 대화를 이어갈 수 있는 키워드다.

키워드

계절, 취미, 뉴스, 여행, TV 프로그램, 가족, 건강, 세상 이야기, 일, 의식주

예문을 통해 설명하겠다.

계절

계절은 처음의 인사부터 세상 이야기로까지 자연스럽게 대화를 이어갈 수 있는 키워드다.

"안녕하세요. 며칠 전 전시회에서는 정말 감사했습니다. 그때 전해드렸던 제품 카탈로그에 대해서 설명을 드리겠습니다."

이렇게 인사를 건네자마자 바로 본론으로 들어가는 경우는 없다. 보통은 다음과 같이 대화를 시작한다.

"안녕하세요. 며칠 전 전시회에서는 정말 감사했습니다. 오늘 엄청 덥네요. 지하철 안은 찜통 그 자체더라고요."

"제법 더워졌네요."

"덕분에 공조 설비 매출도 좋아지셨죠?"

이처럼 계절이나 날씨 이야기는 자연스럽게 이야기를 이끌어갈 수 있는 기본 공식이므로 가장 먼저 기억해야 할 포인트다.

취미

취미는 좋아하는 분야에 대한 키워드로 고객과의 관계를 더욱 돈독하게 만든다.

"등산에 대해서는 잘 모르지만 아는 분이 야쓰가타케산을 올라간 적이 있다고 하더라고요. 가보신 적 있으세요?"

"어느 쪽 야쓰가타케산이요?"

"다테시나산, 덴구산, 아카다케산이라고 했어요."

"명산이죠. 저는 나가노현 쪽이 아니라 야마나시현 쪽으로 올라간 적이 있어요. 야쓰가타케산이라고 해도 나쓰카와 봉우리를 경계로 남북으로 나뉘어 있거든요…."

대표나 높은 직급의 임원일수록 다양한 취미를 갖는다. 언제나 상대방의 취미를 기억해두었다가 대화 속에서 활용하는 것이 중요하다.

뉴스, TV 프로그램, 세상 이야기

뉴스, TV 프로그램, 세상 이야기는 최신 뉴스와 최근에 유행하고 있는 이야기다. 신문이나 잡지를 꾸준히 구독하면서 최신 정보를 수집해야 한다. 단, 정치 뉴스는 신중히 다루어야 한다.

"부장님, 최근에 사망률이 가장 낮은 수면 시간은 몇 시간일까 라는 뉴스가 있었는데 보셨어요?"

"그런 뉴스가 있었어? 몇 시간이라던가?"

"110만 명을 6년간 추적 조사한 결과 사망률이 가장 낮은 수면 시간은 약 일곱 시간이라고 해요. 너무 짧거나 긴 것도 좋지 않다고 하더라고요."

"나는 평균 다섯 시간 정도 자는데 앞으로 조금 더 신경을 써야겠군."

"그래서 그런지 최근에 수면 부족을 해소해주는 앱이 유행하고 있대요."

"어떤 앱인지 알려주게. 나도 설치해봐야겠군."

평소에 다양한 사람과 대화를 나누면서 어떤 뉴스에 관심을 보이는지 알아두면 좋다. 뉴스의 신선함도 중요하다. 가벼운 대화 기술을 몸에 익히면서 기억해두길 바란다.

여행, 가족

여행은 가벼운 대화를 이어가기 쉬운 키워드다. 더불어 가족 키워드를 함께 다룬 예제를 소개하겠다.

"지난주에 가족들과 홋카이도 여행을 다녀오셨다고 들었어요. 아직 눈이 쌓여 있는 지역도 있지요?"

"아내 친정이 오타루거든요. 처갓집 방문 겸 여행도 하고 왔어요. 바다와 가까운 곳이라 바람이 강하더라고요. 홋카이도는 아직도 겨울이에요"

"그렇군요. 사모님 친정이 오타루였군요."

"아내는 고등학교 졸업 후 도쿄로 와서 직장 생활을 시작했어요. 3년 후에 현재 거래처인 회사로 이직을 했지요. 그때…."

여행을 주제로 대화를 시작하면 고객의 성격뿐만 아니라 소중하게 여기는 것들, 가족에 대한 마음을 알게 되는 계기가 되기도 한다.

건강

건강은 고객과 친분이 쌓였을 때 통하는 키워드로 특히 신경 써야 할 부분이다.

"얼마 전에 많이 아프셨다고 들었어요…."

"미안해요. 중요한 미팅이었는데 참석하지 못해서. 큰일은 아니고 요즘 들어 등이 아파서 말이죠."

"등이요? 저희 회사 전무님도 등이 아프다고 하시다가 급성췌장염 진단을 받으셨어요."

"췌장에 이상이 생기면 등에 통증이 생기는 모양이네요. 저도 조심해야겠어요."

여행이나 TV 프로그램, 뉴스 키워드는 이야기를 길게 지속하기 어렵다. 그러나 건강에 관한 이야기는 오랫동안 이어갈 수 있다. 언급해도 된다는 전제하에 만날 때마다 "최근에 건강은 좀 어떠세요?"라고 안부를 묻는 것이 중요하다. 상대방이 마음을 열면 거기에서 이야기가 시작된다.

일

일을 키워드로 대화를 이끌어갈 때는 주의해야 할 점이 있다. 주제가 뚜렷하지 않으면 다음과 같이 '대화 기술이 꽝입니다'라고 증명하는 꼴이 되어버리기 때문이다.

"요즘 매출은 어떠세요?"

"뭐 그럭저럭이에요."

가능하다면 뉴스, 세상 이야기 등의 키워드에 맞춰 대화를 이끌어가는 것이 좋다.

"최근 들어 식품 낭비 문제가 뉴스에서 자주 언급되더라고요. 부장님 회사에서도 관심 있게 지켜보고 계시지 않으세요?"

"맞아요. 그런데 저희 회사만 관심을 갖는다고 해서 해결될 문제는 아니에요. 도매업자, 소매업자들이 함께 협력해야 하거든요."

"복잡한 문제군요."

"우리 회사는 경쟁사보다 발 빠르게 대책을 마련하고 있어요. 이번 계기를 통해 경쟁사와 차별화할 예정이에요."

적절한 주제를 선택하면 대화에 활기가 생긴다. 고객의 업계에 항상 관심을 가지고 새로운 정보에 귀를 기울여야 한다.

의식주

의식주 키워드는 설명이 필요 없다.

"사장님, 오늘 넥타이 정말 잘 어울리세요."

"얼마 전에 추천해주신 초밥 가게에 갔었는데요…."

"작년에 근교에 지으신 집은 어떤가요? 전원생활엔 적응하셨어요?"

매우 친근한 주제이므로 확실하게 대화를 이끌어갈 수 있다.

가벼운 대화는 준비가 반이다

앞서 소개한 키워드를 참고해 대화 준비를 마쳤다면 고객을 찾아 간다. '일단 만나서 이야기해보자'라고 했을 때, 이야기를 잘 이끌 어가는 사람이라면 괜찮겠지만 고객과의 대화를 어려워하는 영업 사원도 적지 않다.

처음 만난 사람이라 긴장돼서, 대화 자체가 어려워서라고 변명 하기보다 만날 고객에 대해 미리 알아보고 늘 준비해야 한다.

가장 신경 써야 할 부분은 가벼운 대화의 디테일이다. 숫자나 고유명사를 사용할 때는 특히 주의해야 한다.

"과장님, 오아시스(영국 록밴드) 좋아한다고 하셨잖아요. 이번에 기타리스트인 멤버가 온다는 소식 들으셨어요?"

이처럼 두루뭉술한 대화도 나쁘지 않지만, 나라면 조금 더 자세 하게 알아본 후 이야기할 것이다.

"과장님, 학창 시절부터 오아시스의 엄청난 팬이라고 하셨잖아 요. 이번에 노엘 갤러거가 온다는 소식 들으셨어요? 솔로로는 4년 만에 온다고 하던데….."

오아시스나 노엘 갤러거에 대해서 잘 알지 못해도 이 정도의 정 보는 인터넷에서 1분이면 찾을 수 있다. 이런 식으로 이야기를 이 끌어가면 고객의 반응도 크게 달라진다.

"4년 만이군요! 사실 4년 전에는 일본에 온 것도 몰랐어요. 이번 콘서트는 꼭 가고 싶어요. 이번에 놓치면 언제 다시 올지 모를 테니까요."

고객의 반응(생리적 반응)을 살피고 관찰하는 것을 '측정calibration' 이라고 한다. 상대방의 반응에 따라 어떤 키워드와 어느 정도의 깊이로 대화를 나눌 것인지 결정하기 위해 측정 기술을 생각하며 가벼운 대화의 기술을 향상시켜보자.

가벼운 대화 내용도 인수인계

고객을 다른 영업사원에게 인수인계할 때는 고객이 갖고 있는 문제와 니즈, 상담 이력뿐만 아니라 지금까지 나누어왔던 가벼운 대화 내용도 인수인계한다. 인수인계를 게을리하면 오랜 시간에 걸쳐 쌓아온 고객과의 '관계 자산'이 무너진다. 제9장에서 소개하는 SFA(영업 관리 시스템)를 이용하면 인수인계의 효율성을 높일 수 있다.

5

가장 효율적인 신규 고객
유치 방법은 '소개'

고객을 소개받는 기술

우직하게 제 할 일을 하다 보면

영업사원은 신규 고객을 찾아다닐 때 가장 많은 에너지를 소비한
다. '이렇게 하면 무조건 성공이야'라는 승리의 방정식은 없다. 성
실하게 고객을 찾고, 우직하게 만남을 이어가다 보면 조금씩 새로
운 고객이 늘어난다.

현장 방문이나 전화 영업, 이벤트, 광고, 인터넷 프로모션 등 신

규 고객을 찾는 수많은 방법 중 스트레스가 가장 적으면서도 효과적인 방법은 고객을 소개받는 것이다. 거래처의 핵심 인물이나 인맥을 통해 고객을 소개받으면 계약으로 연결될 확률은 높은 반면 가격을 조율할 가능성은 낮다. 소개 횟수가 늘어나면 성과로 이어질 가능성이 높으므로 소개받는 기술을 익혀보자(단, 수수료를 요구하는 사람에게 소개받는 경우에는 효율적인 영업 활동을 기대하기 어렵다. 돈을 내고 프로모션을 진행하는 것과 같기 때문이다).

소개를 늘리는 세 가지 포인트

고객을 소개받기 위한 세 가지 포인트가 있다.

① 소개해주는 사람과의 신뢰 관계
② 소개해주는 사람에게 기억시켜야 할 것
③ 소개해주는 사람의 특성

이 세 가지 포인트를 항상 기억하며 소개받는 기술을 갈고닦자.

신뢰 관계가 최우선

무엇보다 영업사원과 소개해주는 사람과의 신뢰 관계가 가장 중요하다. 소개해주는 사람에게 신뢰를 얻지 못하면 고객을 소개받을 수 없다.

이것은 회사 밖에서뿐만 아니라 회사 안에서도 마찬가지다. 같은 회사 동료에게 부탁하면 당연히 소개해주겠지라고 착각해서는 안 된다. 신뢰 관계가 구축되어 있지 않으면 선배나 동료는 고객을 소개해주지 않는다. 사장이든 전무이든 부장이든 실적으로 고민하고 있는 영업사원을 도와주고 싶어 하겠지만, 그렇다고 해서 자신의 소중한 인맥과 거래처, 금융기관 등의 지인을 쉽게 소개해주지는 않는다. 중요한 사람일수록 가장 신뢰할 수 있는 영업사원을 소개한다.

회사 안에서조차 고객을 소개받지 못하는 영업사원이 회사 밖에서 소개받을 확률은 더욱 희박하다. 적어도 회사 안에서 고객을 소개해줄 법한 사람과의 관계를 구축하길 바란다. 우선 정기적으로 고객을 소개받을 수 있도록 사내 인맥부터 늘려보자.

신뢰를 얻기 위해서는 역시 단순 접촉이 중요하다. 영업 활동과 마찬가지로 소개받고 싶을 때만 연락하면 오히려 역효과가 일어난다. 그런 식으로 하면 점점 신뢰를 잃게 된다. 회사 안에서든 밖에서든 '이 사람이라면 좋은 고객을 소개해줄지도 모르겠어'라는 생각이 드는 사람을 만났다면, 정기적으로 만나 신뢰 관계를 구축해가자. 고객이 아닌 좋은 소개자로서 말이다.

무언가를 기억하게 만들어라

소개해주는 사람에게 "고객 좀 소개해주세요."라고 말한다고 해서 곧바로 누군가를 소개해주는 것은 아니다. 먼저 소개해주는 사람에게 무언가를 기억하게 만드는 것이 중요하다. 여기서 '무언가'는 기억에 남는 자기소개와 상품 소개다. 이때 사용하는 어법이 '홀파트법'이다. 이야기의 전체whole를 말한 뒤 부분part을 설명하는 방식이다. 상대방이 이해하기 쉬우면서도 간편하고 효과적인 커뮤니케이션 기술이다.

'결과부터 이야기하라', '결론을 전달하라'라는 말을 많이 들어봤을 것이다. 가벼운 대화를 즐기기 위한 커뮤니케이션이 목적이라면 마지막에 결론을 말하는 방법도 괜찮다. 그러나 상대방의 기억 속에 강렬한 인상을 남기기 위해서나 오해를 만들지 않기 위해서는 이야기를 시작할 때 중요한 내용을 전달해야 한다.

"제가 요즘 가장 추천하고 있는 A 상품입니다. 이 상품의 장점은 X, Y, Z 세 가지 포인트입니다."

이처럼 처음에 결론을 말한다. 그리고 나서 자세히 설명한다.

"첫 번째 X 포인트는…. 두 번째 Y는…. 마지막으로 세 번째 Z 는…."

그리고 마지막으로 한 번 더 전체를 이야기한 후 마무리 짓는 방법도 좋다.

"이런 이유로 A 상품을 적극적으로 추천하고 있습니다. 포인트 는 X, Y, Z 세 가지입니다."

보험처럼 상품의 특성이 명확하면 영업사원 자신만 기억에 남 게 만들어도 새로운 고객을 소개받을 확률이 높아진다.

"생애 설계까지 확실하게 해주는 성실한 보험 영업사원이 있는 데 소개해줄까?"

그러나 특징을 꼽기 어려운 상품이라면 인간성만으로 어필하기 는 어렵다.

"괜찮은 영업사원을 아는데 소개해줄까?"

이런 일은 쉽게 일어나지 않기 때문이다. 홀파트법을 사용해 상 품을 확실하게 기억시키면 소개하는 사람이 다음과 같이 말해줄 수 있다.

"네가 좋아할 만한 상품을 판매하는 회사를 알고 있는데 거기 영업사원 소개해줄까?"

소개해주는 사람의 머릿속에 어떤 정보가 떠올라야 할지 생각 해가면서 관계를 만드는 것이 중요하다.

Whole(도입·결론)

"○○에 대해서 제가 말씀드리고 싶은 것은 세 가지입니다."
"우선 첫 번째는 □□입니다."
"이어서 두 번째는 △△입니다."
"마지막으로 세 번째는 ××입니다."

Part(본론)

"그렇다면 첫 번째 □□에 대해서 자세히 설명해드리겠습니다."
"이어서 두 번째 △△은…."
"마지막으로 세 번째 ××는…."

Whole(최종 결론)

"이상 세 가지 이유로… 이렇습니다."

소개해주는 사람의 특성

소개받는 횟수를 늘리는 것도 중요한데, 많은 사람들이 몰라서 놓치는 부분이 있다. 바로 '소개해주는 사람의 특성 알기'다. 소개해주는 사람은 계속해서 소개해주고, 소개해주지 않는 사람은 아무리 노력해도 소개해주지 않는 것은 소개해주는 사람의 특성을 아느냐 모르느냐에 달려 있다. 영업사원 본인이나 상품의 매력과는 관계없다.

세상에는 쓸데없는 참견과 세상 사는 이야기 자체를 좋아하는 사람이 있다. 다른 사람을 도와주고 싶어 하고, 사람들이 좋아하는 모습을 좋아한다. 자신에게 아무런 이익이 되지 않지만 '열심히 하니까 도와주고 싶다'며 순수하게 응원하는 사람들이다.

이런 사람들의 성격을 구별하기는 어렵지만 우선 유독 눈에 띄는 사람이 있다면 소개해달라고 부탁해본다. 반복하다 보면 소개해주는 사람과 소개해주지 않는 사람을 구별할 수 있게 된다. 성격이 좋다고 해서 반드시 고객을 소개해주는 것은 아니며, 소개해주지 않는다고 해서 상대방을 원망해서도 안 된다.

그뿐만 아니라 자주 고객을 소개해주는 사람일수록 의외로 까다로울 수 있다. 평소에 자주 감사 인사를 전하고 식사 자리를 갖는 등 상대방을 소중히 여겨야 한다. 소개해주는 것을 당연하게 여기는 순간, 그때까지 쌓아왔던 신뢰가 한순간에 무너진다.

6

말할 때와 들어야
할 때를 구분하라

영업사원의 듣기 자세

과정에 맞는 커뮤니케이션을 습득하라

일반적으로 '말하는 것보다 듣는 것이 중요하다', '상대방의 이야기를 잘 들어라'라고 말한다. 이야기를 듣는 행위는 상대방과 신뢰관계를 구축하는 데 매우 중요하다. 단, 이야기를 들을 때는 상대방이 말하고 싶어 해야 하고, 상대방에게 하고 싶은 말이 있어야한다.

이야기를 듣기 위해서는 상대방에게 꼭 들어야 할 말을 기억해 둬야 한다. 정작 자신이 상대방에게 할 말이 없으면서 상대방의 이야기를 들으려고 하면 대화가 겉돌게 된다.

상대방이 말을 하고 싶어 한다면 차분하게 이야기를 듣는다. 중간에 끼어들지 말고 오픈 페이스로 공감을 표현하며 상대방의 이야기에 집중한다.

이야기를 듣는 과정

만약 상대방이 하고 싶어 하는 이야기가 없다면 하고 싶은 이야기가 생길 때까지 영업사원은 단순 접촉을 반복하며 '언제든지 이야기를 들을 준비가 되어 있어요'라는 자세를 보여야 한다.

제멋대로 약속을 잡아놓고 "자, 이야기해보세요. 뭐든지 괜찮습니다."라고 말하면 고객은 당황할 것이다. 또한 "필요한 거 없으세요?" "불편한 점 없으세요?" "제가 도울 수 있는 일이라면 무엇이든 말씀해주세요."라는 막연한 질문을 던져서는 이야기를 유도할 수 없다.

이야기를 듣는 것도 중요하지만 목적과 상황에 따라 과정과 순서도 달라진다.

상대방이 말을 하고 싶어 한다면 모를까 그렇지 않다면 들을 필요가 없다. 말할 기분이 아닌 사람에게 억지로 질문할 필요도 없다. 짧은 안부나 인사를 건네는 것만으로도 충분하다.

짧은 접촉을 반복하여 신뢰를 쌓은 후에 구체적인 질문을 하는 것이 순서에 맞는 커뮤니케이션 방식이다.

"오피스 업무 효율화를 위한 구체적인 대책을 알려주실 수 있나요?"

"사원 교육에 힘을 쏟는 기업이 증가하는 추세입니다. 사원 교육에 투자하는 예산의 상한액을 얼마 정도로 생각하시나요?"

듣기에는 두 종류가 있다

듣기에는 두 가지 종류가 있다. 하나는 상대방 이야기에 조용히 귀를 기울인다hear는 의미의 듣기이고, 다른 하나는 상대방 이야기의 논점을 파악한다listen는 의미의 듣기다. 귀를 기울이는 의미의 듣기는 확실한 리액션으로 '들을 준비가 되어 있습니다'라는 느낌을 전달한다.

'나는 당신의 이야기를 듣고 있어요'라는 비언어적 커뮤니케이션이 상대방에게 전달되어야 한다. 상대방이 가벼운 주제의 이야기를 할 때는 듣는 자세에 더욱 신경을 써야 한다. 리액션이 지나치면 상대방에게 가벼운 인상을 주게 되므로 적당히 고개를 끄덕이는 정도의 반응으로 변화를 준다. 표정은 상황에 맞춰 바꾼다. "지난주에 골프를 쳤는데 높은 점수를 냈어요." 같은 즐거운 이야기를 들을 때는 오픈 페이스를, "며칠 전에 어머니께서 골절로 병원에 입원하셨어요." 같은 이야기를 들을 때는 클로즈 페이스를 짓는다.

이야기의 논점을 파악하기 위한 듣기는 영어듣기평가와 비슷하다. 연습 문제 후 실전 문제가 시작되므로 단어 하나, 문장 하나 놓치지 않기 위해 집중해서 들어야 한다.

고객과 가벼운 대화를 나눌 때는 귀 기울이기의 자세도 좋지만, 영업 제안으로 이어지는 본론에 들어갔다면 논점 파악하기의 자세로 바꿔 이야기에 집중해야 한다.

히어(hear)와 리슨(listen)을 구분하라

가벼운 대화를 나눌 때는 '히어'
"지난주에 골프를 쳤는데 높은 점수를 냈어요"
"며칠 전에 어머니께서 골절로 병원에 입원하셨어요"

↓

'나는 당신의 이야기를 듣고 있어요'라는
비언어적 커뮤니케이션이 상대방에게
전달되는 것이 중요

중요한 부분이 나오면 '리슨'
"저희 회사의 문제점은…"
"사실 사장님께서 이런 말씀을 하셨어요…"

↓

순간적으로 태도를 바꿔야 하고,
리액션을 하기보다
메모를 시작하는 것이 중요

예를 들어 대화를 나누던 중 "저희 회사의 문제점은…." "사실 사장님께서 이런 말씀을 하셨어요…." 같은 중요한 부분이 나오면 흘려듣지 말고 순간적으로 태도를 바꿔야 한다.

그때는 성실한 표정(뉴트럴 페이스)을 짓는다. 리액션을 하기보다 메모를 시작하는 것이 중요하다. 이야기의 핵심을 파악하기 위해서는 귀로 인풋input을 하는 동시에 손으로 아웃풋output을 하는 것이 좋다. 그렇게 하면 자연스럽게 집중력이 올라간다.

때로는 되묻는 것도 중요하다. 상대방의 말을 한 번만 듣고 완벽하게 이해할 수 없는 경우가 많기 때문에 "다시 한번 말씀해주시겠어요?"라며 되묻는다. 이 행동은 상대방에게 열심히 듣고 있다는 것을 보여주는 의미에서도 효과적이다.

눈앞에 있는 사람의 이익을 파악하라

제1장에서 정의한 대로 영업은 고객의 이익을 지원하는 것이다. 그러나 겉으로 드러내는 마음과 속마음이 다른 경우가 있다.

어떤 회사의 관리부장으로부터 '영업사원 50명이 사용하고 있는 휴대전화 통신비 부담이 너무 크다'는 상담을 받았다고 하자. 그래서 통신비 부담을 줄일 수 있는 방법을 제안했지만, 관리부장은 좀처럼 결정을 내리지 못한다. 왜일까?

회사의 이익을 생각한다면 통신비 부담을 줄일 수 있는 방법을 적극적으로 적용해야 한다. 그러나 '통신사를 교체하는 절차가 번거롭다', '지금까지 왜 비싼 통신요금을 사용해왔냐고 사장에게 혼날 것이 걱정된다'라고 관리부장이 생각한다면 다음과 같이 이야기하며 상담이 진전되지 않는다.

"현재 사용하고 있는 요금이 비싸긴 합니다. 하지만 급하게 바꿀 필요는 없습니다. 갑자기 바꿨다가 현장에서 불만이 터져 나오면 그만큼 처리해야 할 업무가 늘어나는 문제도 발생할 테니까요."

영업사원이 제안한 아이디어가 상대방에게 항상 매력적인 이익으로 다가가는 것은 아니다. 고객의 이야기를 단순히 듣는 데서 끝내지 말고, 이야기에 귀를 기울이면서 눈앞에 있는 상대방의 진심이 무엇인지 알아내야 한다. 번거로움을 싫어하는 사람인가. 아니면 사내 평가를 신경 쓰는 사람인가. 출세를 바라는 사람인가. 상대방의 입에서 나오는 말과 더불어 표정, 자세에도 주의를 기울이며 진심이 무엇인지 관찰한다.

7

클로징 기술이 좋아지지 않는 한
실적은 늘지 않는다

클로징 테크닉

실적을 결정짓는 한 끗

클로징은 고객이 어느 정도 결론을 내렸음에도 불구하고 망설이고 있을 때, 고객의 결정을 슬쩍 부추기는 커뮤니케이션 기술이다.

　클로징은 영업 활동에서 가장 극적이고 절정인 순간이다. 영화로 치면 클라이맥스이기 때문에 많은 영업사원들이 클로징 기술을 갈고닦으려 한다.

단, 상대방이 아직 결정을 내리지 않은 상태에서 클로징을 하면 오히려 관계가 나빠질 수 있다. 고객이 '이쯤에서 결정을 내릴까' 라고 마음먹었을 때 보이는 구매 신호를 포착해야 한다.

그런데 클로징을 중요하게 생각하지 않는 영업사원도 있다. 그런 영업사원은 고객에게 판단을 맡기고 그대로 방치한다.

"제안서와 견적서는 보냈고 설명도 충분히 했어. 장황하게 설명하면 오히려 고객이 싫어할 수 있으니까 당분간은 기다리는 수밖에 없어."

이런 식으로 고객의 연락을 하염없이 기다린다. 기다림과 방치는 다르다. 어느 정도 기다려도 연락이 오지 않는다면 "검토해보셨어요?"라고 연락한 다음 "어떻게 하시겠어요?"라며 마무리해야 한다.

예전에 집을 구매할 때 여러 회사와 상담을 한 적이 있다. '모델 하우스 견학 → 주택 안내 → 숙박 체험 → 건축 계획 제시 → 자금 계획 제시'라는 영업 프로세스를 거친 후 결정만 내리면 되는 상황에서 제대로 된 클로징을 하는 영업사원이 거의 없었다. 열개 회사 중 한 곳 정도였던 것으로 기억한다.

"저희 회사로 결정하지 않으시겠어요?"

"서비스 관리까지 확실히 책임지겠습니다!"

이러한 적극적인 태도까지는 아니더라도 분명한 말을 듣고 싶었다. 클로징을 싫어하는 아내조차 "방 배치까지 결정했는데 왜 아무런 말들이 없는 거예요? 우리가 먼저 연락해야 하는 거예요?

이쪽 업계 사람들은 다들 그래요?"라며 당황할 정도였다.

클로징은 골프로 치면 퍼팅이다. 퍼팅 기술이 향상되지 않는 한 점수가 좋아지지 않는 것처럼 클로징 기술이 향상되지 않는 한 실적도 늘어나지 않는다.

고객이 구매할 마음이 생겼는지를 판단하는 '구매 신호'

클로징을 하기 위해서는 고객에게 구매할 마음이 생겼는지를 파악하는 것이 중요하다. 판단의 근거가 되는 고객의 '구매 신호'를 확인한다.

고객이 거절할 이유가 사라진 상황에서 머뭇거리고 있을 때는 표정과 태도에 분명히 드러난다. 부추겨주기를 바란다는 확신이 들면 단도직입적으로 "이제 결정하시죠."라고 말한다. "지금 결정하시면 이후 절차는 깔끔하게 준비하겠습니다."라며 부추긴다.

"그렇군요. 좋습니다. 더 이상 고민할 이유도 없으니 이대로 진행하시죠."

간단해 보이지만 의외로 '마지막 단계'를 어려워하는 영업사원이 많다.

고객이 "검토해보겠습니다." "생각해보겠습니다."라고 말하고 나서 실제로 여기저기에서 비교한 다음 구매하는 경우는 많지 않다. 그렇기 때문에 실제로 구매를 검토한 고객이라면 이미 마음의 결정을 내렸을 가능성이 크다.

"지난 주말에 인터넷에서 좀 찾아봤는데요. 이런 상품도 있더라고요. 이 상품하고 소개해주신 상품은 뭐가 다른가요?"

이런 질문을 한다면 진심으로 구매를 검토했다는 신호다. 그럴 때는 적극적으로 고객에게 다가가야 한다.

고객의 특성을 구분하라

또한 부탁에 약한 고객도 있다. 특히 경영자들이 의외로 부탁에 약하다. 아직 조건이 정리되지 않은 상태여도 간절하게 부탁하면 들어주는 고객도 있다.

"사장님, 꼭 부탁드릴게요. 절대로 손해 보시지 않을 거예요."

"정말로 이 시스템이 우리 회사 업무 효율화에 도움이 된다는 말이지?"

"네! 성공 사례를 이만큼이나 보여드렸잖아요. 지금 결정하지 않으시겠어요?"

"지금 결정하라니…."

"사장님, 제발 부탁드립니다!"

"어쩔 수 없군. 자네가 그렇게까지 말하면 내가 거절하기 어렵지 않은가. 정말로 손해 보는 일은 없겠지?"

"물론입니다! 저를 믿고 한번 맡겨주십시오."

"자네에게 졌네. 관리부장에게 전달해둘 테니 진행하도록 하지."

인정에 약한 경영자일수록 논리적으로 판단하지 않을 때가 있으며, 정해진 과정을 건너뛰어 계약을 체결하는 경우도 있다.

이런 방식으로 체결한 계약에서 가장 중요한 것은 서비스 관리다. 부탁으로 계약을 성사시킨 경우에는 더욱 신경 써서 계약 후의 일들을 처리해야 한다. 서비스 관리를 소홀히 하면 "부탁할 때는 그렇게 열심히 하더니만 계약서에 도장 찍었다고 어떻게 이렇게 모른 척할 수 있나?"라는 클레임을 받을 수 있다.

세 가지 클로징 사례

클로징에 효과적인 세 가지 기술을 소개하겠다.

① 면전에서 문 닫기 기법 (Door in the face technique)

② 나 전달법 (I message)

③ 또래 압력 (Peer pressure)

① 면전에서 문 닫기 기법

'면전에서 문 닫기 기법'이란 처음부터 부담스러운 부탁을 해서 거절하게 만든 다음 실제로 부탁하고 싶은 일을 제시하는 기술이다. 처음 제시한 정보가 머릿속에 남아 있어 이후 판단에 영향을 미치는 심리 효과를 이용한다.

이 명칭의 유래는 매우 독특하다. 영업사원이 가정집 벨을 눌러 집 안에 있던 사람이 문을 열면 다짜고짜 '얼굴'을 들이민다. 낯선 사람의 방문에 집주인은 당연히 문을 쾅 하고 닫아버린다. 이어서 영업사원은 "머리가 아니라 발을 내밀 테니 다시 열어주지 않으시겠어요?"라고 부탁한다. 집주인은 '방금 전에 문을 쾅 하고 닫아버린 것도 미안하고, 아무래도 머리보다는 발이 낫겠지'라는 생각에 다시 문을 열어준다. 이런 이유에서 이름 붙여진 기술이다.

면전에서 문 닫기 기법은 처음부터 받아들일 수 없는 높은 수준의 요구를 제시해 고객이 거절하게 만든 다음, 영업사원이 한발 양보하여 요구 수준을 낮추는 것처럼 보이게 하는 방법이다.

"회사 내부 상황을 고려하면 옵션 A와 옵션 B를 추가하는 편이 좋습니다. 세 가지 이유가 있는데요."

"잠깐만요. 옵션 추가는 요청한 적 없는데요. 게다가 저희 예산은 1,000만 원이라고 말씀드렸잖아요. 그런데 견적 금액이 3,500만 원이라니."

"그렇지만 회사 상황을 조사해보니 이런 문제들이 있더라고요."

"맞아요. 그런 문제들이 있는 건 사실이지만…."

"옵션 A와 옵션 B의 효과는 알고 계시죠?"

"알고 있어요. 우리 회사에 필요한 솔루션이죠. 하지만 3,500만 원은 힘들어요. 사장님도 허락하실 리 없어요."

"그렇군요…."

"제안해주신 내용은 잘 알겠지만 이 상태로 진행은 어려워요."

"그렇다면 옵션 A와 옵션 B를 제외하겠습니다. 대신 일부 서비스는 무료로 이용하실 수 있게 해드릴게요. 그렇게 하시면 견적 금액은 1,200만 원까지 낮출 수 있어요."

"네? 1,200만 원이요?"

"네. 어떠세요?"

"1,200만 원이라면 분명 내부 결재도 문제없이 통과할 수 있을 거예요."

고객이 원하지 않는 내역이 제안서에 포함되어 있으면 아무리 훌륭한 클로징 기술을 사용해도 좋은 결과를 낼 수 없다. 고객이 필요한 부분을 받아들일 수밖에 없도록 제안하는 것이 요령이다.

이 사례에서는 고객의 머릿속에 '3,500만 원'이라는 숫자가 남아 있기 때문에 가격이 '1,200만 원'으로 낮아지면 영업사원이 양보했다고 받아들이게 된다. '양보의 보답성'이라는 심리 효과가 작용해 고객도 '그 정도면 좋다'라고 양보하게 된다(처음 예산은 1,000만 원이었음에도 불구하고).

② 나 전달법

면전에서 문 닫기 기법과는 다른 부드러운 클로징 기술을 소개하겠다. '나 전달법'이란 '내'가 주어가 되어 상대방의 행동을 재촉하는 커뮤니케이션 기술이다. 상대방의 행동으로 인해 느낀 '나'의 감정을 전달한 후, 상대방이 자율성을 잃지 않는 선에서 승낙을 얻어낸다. 클로징이라기보다 코칭의 기본적인 리딩 기술이다. 대화 속에 은근슬쩍 끼워 넣는 것이 요령이다.

예를 들어 "저는 고객님이 우리 회사 서비스를 이용해주셨으면 좋겠어요." "저는 기무라 씨가 지금 결정해주시면 정말 좋겠어요."라고 말한다. 문장으로 읽으면 어색하게 느껴질 수 있지만 말로 하면 의외로 상대방에게 잘 전달되는 메시지다.

반대로 '너 전달법You message'은 상대방이 주어다. '나'와 '상대방' 사이의 연결 고리가 끊어지면 고객은 쉽게 거부감을 느낀다. 예를 들어 "사주세요." "이쯤에서 결정하시는 게 어떨까요?" 같은 표현이 너 전달법이다. 상대방에게 강한 압박을 주고 싶을 때 사용하면 좋은 방법이지만, 부드럽게 이끌어가고 싶을 때는 나 전달법을 선택한다.

③ 또래 압력

직접적 클로징이 아니라 주변 장애물을 하나씩 제거하는 방식의 클로징 기술이다. 또래 압력이란 '동료로부터 받는 압력'이다.

인간은 사회성이 뛰어난 동물로 자신이 속해 있는 환경에 크게 영향을 받는다. 집에서든 직장에서든 말이다. 특히 직장에서는 매일 대다수의 사람들과 동일한 가치관을 가져야 한다는 압력을 받는다. 이 압력을 또래 압력이라고 한다.

예를 들어 결재권을 가진 고객사의 본부장은 영업사원의 제안에 별다른 반응을 보이지 않았지만 담당 과장이 긍정적으로 생각한다면, 과장을 자신의 편으로 만든 다음 주변의 장애물을 하나씩 제거한다.

과장과 함께 제안서 내용을 수정하고, 본부장을 움직일 수 있는 전무나 상무급 임원을 끌어들이는 등 모든 수단을 동원한다. 영업사원도 자신의 상사인 부장이나 사장에게 도움을 요청하는 등 조직적인 차원에서 대책을 마련한다.

또래 압력은 타이밍이 생명이다. 주변의 장애물을 제거하지 않은 상태에서 급하게 서두르다 보면 "이보게 자네, 여러 사람 꼬드겨서 나를 설득하려고 하는 건가?"라며 반감을 살 수 있다. 그렇다고 해서 천천히 시간을 끌다 보면 주변의 협력자들이 하나둘 사라지게 된다.

"알겠네. 다들 그렇게까지 말한다면 한번 해보지."라고 말할 수 있도록 조금씩 압박을 가하는 것이 중요하다.

또래 압력이 효과를 거둘 수 있는 사람은 주변 분위기에 쉽게 휩쓸리는 사람이다. 주변 사람들과 차별화되기를 바라는 사람에게는 통하지 않는 방법이으로 주의해야 한다.

B2C 영업에서도 또래 압력을 사용할 수 있다. 예를 들어 주택 영업이라면 시공주의 아내나 자녀, 부모 등을 공략하며 장애물을 하나씩 제거한다.

클로징 기술은 다양하다. 직접적으로 실행하기 어렵다면 조금 멀리 돌아가서 목적을 달성하는 방법도 있다. 영업사원의 능력이 중요하며 고객의 성격과 상황에 따라 기술을 바꾸는 유연함도 필요하다.

8

질보다 양이 중요한
단계가 있다

영업에서 중요한 행동력

영업사원은 질보다 양

영업사원의 행동은 질보다 양이라고 생각한다. 목표를 안정적으로 달성하는 힘이 있다는 것을 확인한 후에 질을 높여야 하며, 그전까지는 양(횟수)을 중요하게 생각해야 한다. 질보다 양을 우선하는 이유는 크게 네 가지다.

① 고객과의 신뢰가 쌓인다

고객과 신뢰를 쌓기 위해서는 단순 접촉을 반복해야 한다. 앞에서 언급한 영업의 마술사처럼 찰나에 고객을 사로잡는 영업사원도 있지만, 모든 영업사원이 그런 것은 아니다. 단순 접촉 효과를 적절히 활용해 고객과의 신뢰 관계를 구축하는 것이 영업의 기본이다.

② '필요한 최소한의 노력'을 알 수 있다

기대한 성과를 손에 넣기 위해서는 일정량 이상의 노력을 다하기 전에 포기하면 안 된다. 이 일정량 이상의 노력이라는 개념을 '필요한 최소한의 노력'이라 부른다. '미니멈 에포트 리콰이어먼트Minimum Effort Requirement, MER'라고 하며 가나이 토시히로가 자신의 저서 《일하는 사람을 위한 커리어 디자인》에서 소개한 개념이다.

먼저 어느 정도의 양을 노력해야만 성과가 나오는지를 파악하고, 이후에 질을 높이고 행동을 효율화해야 한다.

③ 일의 속도가 빨라진다

시간을 정해놓고 행동량을 늘리면 자연스럽게 일의 속도가 높아진다(일하는 시간을 늘리고 행동량을 늘리면 속도는 빨라지지 않는다). 목표 달성으로 이어지는 업무가 늘어나는 효과도 있다. 일의 속도가 빨라지면 영업의 생산성도 비약적으로 상승한다.

④ 생각하는 습관이 몸에 밴다

아이디어는 '발산과 수렴'으로 만들어진다. 갑자기 '이 업계에 뛰어들어보자', '이런 상품을 개발해보자'처럼 번뜩임만으로 아이디어를 내놓는 경우는 많지 않다. 먼저 다양한 아이디어를 모아놓고 발산시켜야 한다. 양이 중요한 이유이기도 하다.

판촉도 마찬가지다. 전단지, 브랜드 굿즈, 포스터, 웹진, 블로그, 홈페이지, 책자 등 다양한 수단을 활용해가며 어떤 판촉물에서 어떤 효과가 나타났는지 꾸준히 확인해야 한다. 무턱대고 규모를 확장할 필요는 없지만, 한두 가지만 시험해서는 어떤 방식이 가장 효과적이었는지 판단하기 어렵다. 행동량을 늘리면서 도전을 이어가다 보면 자신의 회사에 어떤 프로모션이 적합한지 알 수 있다.

영업 거점 개척도 동일하다. 예를 들어 영업 거점 세 곳 개척을 목표로 했을 때, 대여섯 곳 정도만 접촉해서는 성과를 내기 어렵다. 스무 곳에서 서른 곳 정도는 접촉해야 한다. 이것은 고객을 접촉할 때나 업계를 접촉할 때도 마찬가지다. 거점, 프로모션 등 속성이 서로 다른 것들을 많이 접하다 보면 생각하는 습관과 힘이 길러진다.

발산한 후에는 범위를 좁혀가는 작업이 중요하다. 이 과정을 수렴이라고 한다. 수렴 과정에서는 '비용', '효과', '속도' 등의 판단 기준을 사용해 아이디어를 추린다.

9

기술이 늘어도 실적이
오르지 않는 이유

영업 실적과 영업 기술의 관계

영업 기술은 두 번째

영업 실적을 높이기 위해서는 영업 기술이 매우 중요하다. 그러나 가장 중요하게 생각해야 하는 것은 영업 실적이다. 기술보다 영업 실적이 먼저다.

영업 기술을 몸에 익혀야 영업 실적이 오른다고 생각하는 사람이 많지만, 실제로 현장에서 컨설팅을 하다 보면 영업 실적이 오르면 자연스럽게 영업 기술도 향상되는 모습을 자주 목격한다.

　기술과 실적은 서로에게 영향을 미친다. 실적이 오르면 기술도 향상되고, 기술이 향상되면 실적도 오른다. 이 순서의 차이는 매우 크다. 기술이 먼저 향상되어야 실적도 오른다고 믿기 쉬운데, 비슷하지만 다른 이야기다.

자격시험에 비유하면

자격시험에 비유해보면 더욱 이해하기 쉽다. 일본의 중소기업진단사 자격시험은 1차 시험과 2차 시험으로 나뉘어 있다. 1차 시험은 객관식 시험이다. 1차 시험 합격자는 2차 필기시험을 치른다. 출제 과목은 총 네 과목으로 과목마다 기업의 개요가 적혀 있는 지문이 2~3페이지 분량으로 제시되고, 거기에서 네다섯 문제가 출제된다. 글자 수가 제한되어 있어 한 문제당 100자 이내로 서술해야 한다(필기시험에 합격하면 구술시험을 치른다).

　중소기업진단사 2차 시험에 합격하기 위해서는 먼저 대책(과거 기출문제를 풀거나 합격자의 제출 답안을 참고한다)을 마련해야 한다. 100자 이내로 서술하기 위한 문장력도 갈고닦아야 하지만 정작 내용이 부실하면 아무런 도움이 되지 않는다.

　대책을 마련하는 것과 문장 기술을 익히는 것은 다른 이야기다.

글을 써 내려가는 기술이 있다고 해서 중소기업진단사에 합격하는 것은 아니다. 이 점은 영업도 마찬가지다.

자기만족으로 끝나지 않기 위해

영업 기술에서 중요한 것은 말투, 프레젠테이션 방식, 제안 방식, 인간관계를 맺는 방식 등 다양하다. 그러나 실제로 모르는 사람과 대화를 나누기 힘들어하고 사람들과 어울리는 것을 어려워하면서도 영업 실적을 올리는 사람이 있다. 반대로 뛰어난 친화력을 자랑하지만 영업 실적이 낮은 사람도 있다. 이처럼 영업 기술이 좋아도 구매전환율이 낮은 경우가 있기 때문에 반드시 기술이 실적으로 이어진다고는 할 수 없다. 따라서 기술을 향상시키고 영업 활동의 질을 높이고 싶다면 구매전환율을 꾸준히 확인해야 한다. 그렇지 않으면 자기만족을 위한 기술에 그치게 된다.

제5장

판촉물을
적극 활용하라

영업 판촉물

1

실제 상품, 홈페이지,
전단지 등을 적절하게

판촉물을 사용할 때 주의할 점

목적에 따라 구분하라

영업사원이 사용하는 판촉물은 고객이 법인B2B인가, 개인B2C인가
에 따라 달라진다.

개인 고객 대상 영업은 고객이 결재권자인 경우가 많기 때문에
별도의 판촉물을 만들지 않아도 실제 상품을 보여주거나 간접 체
험을 통해 계약을 성사시킬 수 있다. 이를테면 자동차 시승, 모델

하우스 관람 등이다.

그러나 법인 고객 대상 영업은 대부분 실무 담당자에게 결재권이 없다. 결재권은 직급이 높은 사람에게 있다. 처음부터 실무 담당자 없이 바로 결재권자를 만나기는 어려우며, 만에 하나 결재권을 갖고 있는 사람과 직접 이야기를 나눌 수 있다 하더라도 최종 의사결정권이 그 사람에게만 있는 경우도 드물다.

만약 고객사가 담당자 → 과장 → 부장과 같은 체계를 가진 조직이라면 담당자는 물론이고 과장, 부장에게 상품에 대한 정보가 확실하게 전달될 수 있도록 실제 상품, 홈페이지, 전단지 등의 판촉물을 복합적이고 입체적으로 준비해야 한다.

예를 들어 영업사원이 담당자인 대리에게 상품의 장점을 아무리 열심히 설명해도 과장에게 상품 설명이 제대로 전달되었는지는 알 수 없다. 마치 이야기 전달 게임처럼 과장에게서 부장에게로 전달되는 사이에 정보가 왜곡될 가능성도 있다.

따라서 보고 라인을 고려하여 영업사원이 직접 전달하지 않아도 고객사 내부에서 상품의 장점이 정확하게 공유될 수 있도록 판촉물을 준비해야 한다.

판촉물 테스트 마케팅

전단지나 홈페이지를 제작할 때는 외주업체에 맡기지 말고 회사에서 직접 제작하는(회사에서 바로 수정할 수 있는) 방식을 추천한다. 왜냐하면 판촉물의 반응을 높이는 위해서는 '테스트 마케팅'이 필요하기 때문이다.

고객의 반응이 좋지 않으면 전단지를 10만 장 배포하든 100만 장 배포하든 원하는 성과를 얻을 수 없다. 홈페이지를 만들었어도 방문자 수가 낮으면 영업에 도움이 되지 않는다. 전단지, 홈페이지, 우편 광고 등의 반응을 높이기 위해서는 실제 고객의 반응과 데이터를 확인해가며 조금씩 수정해야 한다.

처음에는 반응이 좋았지만 시간이 지나면서 나빠지는 경우도 있다. 2~3년 동안은 좋았지만 시대가 바뀌면서 반응이 나빠지기도 한다. 판촉물은 한번 만들면 그걸로 끝이거나 계속 같은 것을 사용해야 하는 것이 아니다. PDCA 사이클(253쪽 영업의 PDCA 사이클 참조)을 이용해 끊임없이 수정해야 한다. '수정하는 습관'이 중요하다.

전단지 1,000장을 배포했을 때 얼마만큼의 고객 문의가 있었는지, 100개 회사에 보낸 광고 메일이 얼마만큼의 화제를 모았는지 등을 확인한다. 홈페이지와 인터넷 광고처럼 상세한 접속자 수를 확인할 수 있으면 좋지만 그렇지 않을 경우에는 실제로 판촉물을 사용하는 영업사원이 별도로 기록해야 한다(영업사원이 고객과의 상담 내용을 기록할 수 있는 SFA를 활용하면 좋다. SFA에 대해서는 제9장에서 자세하게 소개한다).

고객 반응 확인과 수정

영업사원은 판촉물을 본 직후의 고객 반응을 수시로 관찰해야 한다. 기대했던 반응이 아니라면 곧바로 광고 문구를 수정하거나 디자인을 변경하는 등 고객의 반응을 높이기 위해 끊임없이 노력해야 한다. 가장 좋은 상황은 판촉물을 본 고객이 먼저 말을 걸어오는 것이다.

"이 전단지에 적혀 있는 서비스는 언제부터 시작하나요?"

전단지를 보자마자 그 자리에서 바로 질문을 받으면 좋겠지만, 시간이 조금 지났더라도 "저번 카탈로그에 있던 상품 말인데요. 다른 회사들 반응은 어때요?"라는 문의를 받았다면 그런대로 나쁘지 않은 반응을 얻은 것이다.

판촉물은 영업 활동의 구매전환율을 끌어올리는 데 중요한 역할을 담당하며, 기술이 부족한 영업사원의 실적을 높이는 데에도 큰 도움이 되므로 회사 차원에서 적극적으로 판촉물을 관리하고 수정해야 한다.

불특정 다수를 위한 판촉

타깃 고객층뿐만 아니라 불특정다수를 대상으로 판촉 활동을 진행할 때는 고객 반응에 특히 주목해야 한다.

우편 광고 발송, 블로그, 웹진 운영은 효과적인 판촉 수단임에도 불구하고 전시회나 세미나와 마찬가지로 중간에 방치하는 경우가 많다.

'했다/안 했다'가 아니라 '어느 정도의 반응이 있었는가'를 항상 숫자로 기록해둔다. 그 숫자는 반드시 분모와 분자로 정리한다. '랜딩 페이지(검색 엔진, 배너 광고 등을 경유하여 접속하는 이용자가 최초로 보게 되는 웹페이지) 접속자 1만 5,690명 중 895명이 문의 페이지도 열어보았다(895/1만 5,690)'라든가 '우편 광고를 408개 회사에 발송한 후 전화를 걸어 확인해본 결과 광고물을 열어본 회사는 19개였다(19/408)' 등 숫자로 알아보기 쉽게 만드는 것이 중요하다.

전단지, 우편 광고, 홈페이지 모두 기록한 숫자의 변화를 확인해가며 수정을 반복한다. 실제로 '이 광고 문구를 사용했더니 화제를 끌었다', '위치를 수정했더니 반응이 좋아졌다'라는 결과를 얻을 수 있다.

이런 작업을 외부 업체에 맡기면 비즈니스의 속도 면에서도 손해를 본다. 가능한 범위 내에서 직접 진행하고, 분석 결과는 곧바로 다음 판촉물에 반영한다.

문의 페이지 클릭 수

우편 광고 개봉률

랜딩 페이지 접속자 1만 5,690명 중
895명이 문의 페이지에도
접속했다(895/1만 5,690)

우편 광고를 408개 회사에
발송한 후 전화로 확인해본
결과 광고물을 열어본 회사는
19개였다(19/408)

'이 광고 문구를 사용했더니 화제를 끌었다'
'위치를 수정했더니 반응이 좋아졌다'

기록한 숫자의 변화를 보며 계속해서 수정한다

예를 들어 내가 운영하는 회사는 홈페이지를 운영하면서 히트
맵heat map 분석을 자체적으로 실시하고 있다. 방문자가 주로 어떤
페이지를 확인하는지, 어떤 동선으로 페이지를 전환하는지 등을
분석하고, 분석 결과를 토대로 홈페이지를 개선한다.

2

미디어 노출을 활용하라

4대 매체 광고의 연동성

광고 현황을 파악하라

신문, 잡지, 라디오, TV 등 4대 매체를 활용한 광고는 한 번에 많은 사람에게 상품을 알리는 데 효과적인 프로모션 수단이다. 영업사원은 반드시 4대 매체의 광고 현황을 파악하고 있어야 한다.

본사와 영업사원 사이의 의사소통이 제대로 이루어지지 않으면 언제, 어떤 광고가 나오는지조차 파악하지 못하게 된다. 예전에 내

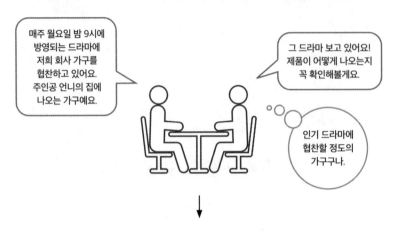

광고 상황을 수시로 전달한다

매주 월요일 밤 9시에 방영되는 드라마에 저희 회사 가구를 협찬하고 있어요. 주인공 언니의 집에 나오는 가구예요.

그 드라마 보고 있어요! 제품이 어떻게 나오는지 꼭 확인해볼게요.

인기 드라마에 협찬할 정도의 가구구나.

임팩트 있는 자극으로 고객이 갖고 있던 회사의 이미지를 더욱 향상시킨다

가 컨설팅한 가구업체에서도 의사소통에 문제가 있었다. 해당 회사는 TV 드라마에 가구를 협찬했다. 본사의 목표는 '드라마 협찬을 통한 브랜드 인지도 강화 및 이미지 향상'이었다.

"매주 월요일 밤 9시에 방영되는 드라마에 저희 회사 가구를 협찬하고 있어요. 주인공 언니의 집에 나오는 가구예요."

고객이 그 드라마를 보지 않아도 된다. 영업사원이 위와 같이 말했을 때 "우와, 진짜요?" "그 드라마 저도 알아요. 대단하네요." 라는 반응이 나오기만 하면 된다. 뇌의 사고를 바꾸기 위해서는

'임팩트×횟수'에 주목해야 한다. 임팩트 있는 자극으로 '인기 드라마에 협찬할 정도의 가구구나'라는 이미지를 심어주기만 하면 된다.

그런데 해당 회사의 영업사원들은 사전에 정보를 파악하지 못했기 때문에 판촉에 충분히 활용하지 못했다.

취재 기사는 절호의 기회

신문, 라디오에 내보내는 광고보다 취재 기사를 더욱 적극적으로 활용해야 한다. 제3자를 통해 들은 정보나 소문이 직접 이야기를 들었을 때보다 훨씬 큰 효과를 발휘하는 심리 효과를 '윈저 효과 Windsor effect'라고 한다. 미스터리 소설 《백작부인은 스파이》에 등장하는 윈저 백작부인이 "제3자의 칭찬이 가장 효과가 있지요, 잊지 마세요."라고 말한 데서 유래했다.

돈을 들인 광고보다 효과가 훨씬 뛰어날뿐더러 자주 일어나는 일이 아니기 때문에 다음과 같이 알려주는 것만으로도 효과를 볼 수 있다.

"오늘 자 닛케이신문에 저희 회사 기사가 실렸습니다. 새롭게 시작한 사업이 지역 활성화에 이바지한다는 내용입니다."

"저희 회사에서 제공하고 있는 서비스가 일하는 여성들 사이에서 화제가 되고 있어서 잡지사와 인터뷰를 진행했습니다."

홈페이지와 광고 메일을 통해 홍보하는 것은 물론이고 영업사원도 항상 기억하고 있어야 한다. 모든 수단을 동원해 고객에게 전달해야 한다.

의사소통이 안 되면 신뢰가 무너진다

회사와 영업사원 사이에 의사소통이 이루어지지 않으면 고객의 신뢰가 무너질 수 있다. "최근에 TV 광고 바뀌었더라고요." "잡지에 상품이 실렸던데요."라고 말하는 고객에게 "아, 정말요? 저는 몰랐어요."라고 대답한다면 고객은 '본인 회사에 관심이 없는 건가… 이 사람을 계속 믿어도 괜찮을까'라고 생각하게 된다.

누가 이야기하지 않아도 반드시 영업사원이 직접 회사의 진행 상황을 수시로 확인해야 한다. 고객과의 대화를 이끌어갈 수 있는 소재가 되기 때문이다.

3

임팩트 있는 제품을
심플하게 알려라

문의를 늘리는 테크닉

심플&임팩트

홈페이지, 전단지, 팸플릿으로 고객의 반응을 이끌어내고 문의 건수 늘리기 위해서는 상대방의 워킹 메모리(단기 기억이나 정보를 처리하기 위해 언제나 저장해두는 작업기억장치) 속에 상품을 기억시켜야 한다. 그러기 위해서는 '심플하고 임팩트 있는(임팩트 있는 제품·서비스를 심플하게 전달하는)' 이름과 문구를 정해야 한다.

입소문으로 널리 알리고 싶은 상품이나 매장의 세일즈 포인트가 강렬하면 강렬할수록 많은 사람의 기억 속에 자리 잡게 된다. 만약 임팩트가 약하더라도 반복적으로 노출하면 사람들의 워킹 메모리에 새겨진다. 이때 입소문을 통해 많은 사람에게 전달될 수 있도록 기억하기 쉬운 심플한 광고 문구를 사용해야 효과를 높일 수 있다.

내가 슬로건으로 사용하고 있는 '절대 달성'이란 키워드도 심플한 두 단어를 합쳤을 뿐이다. 복잡한 표현 기법은 사용하지 않았다. 외우기 쉽고 기억하기 쉽기 때문에 '목표를 달성하기가 너무 어렵다', '영업 관리가 엉망이다'라는 문제를 안고 있는 기업에게 '목표는 무조건 달성할 수 있다', '목표는 당연히 달성하라고 있는 것이다'라고 단언함으로써 고객은 '절대 달성이 뭘까?', '정말 그게 가능할까?'라며 관심을 갖게 되고, '한번 문의해볼까?'라고 생각하게 된다.

한편 '절대 달성'이라는 키워드가 강렬한 탓에 더 이상 알아보려고 하지 않는 사람도 있다. 즉 임팩트 있는 이름은 고객을 걸러내는 효과도 있다. 대상이 아닌 고객으로부터 받는 문의는 모두에게 이득이 되지 않는다.

예를 들어 구원투수가 필요한 사회인 야구팀에서 '투수 모집'이라는 제목으로 선수를 모집하면 구원투수 역할을 바라지 않는 선수까지 응모하게 된다. 면접 때 "현재 우리 팀에 필요한 선수는 구원투수입니다."라고 말하면, '그러면 모집 공고를 올릴 때 그렇게 적었어야지'라고 누구나 생각할 것이다.

많은 사람에게 관심을 받고 싶다는 이유로 욕심을 내면 오히려 임팩트가 약해져 고객의 기억 속에서 멀어지게 된다. 따라서 광고 문구는 영업 전략으로부터 역으로 계산해서 생각해야 한다.

접근성에 주목하라

임팩트 있는 상품을 심플하게 전달하는 판촉물을 본 고객이 관심을 갖기 시작했다고 치자. 그런데 접근성(접근하기 쉽고 물어보기 쉬움)이 나쁘고 문의 절차가 복잡하면 고객의 관심도는 곧바로 떨어지게 된다.

예를 들어 전단지에 "매출을 높이는 명함에 관한 문의는 'http://xxxxxxxxx.com'으로 해주세요."라고 쓰여 있는 경우와 "'매출 상승 명함'을 클릭"이라고 적혀 있는 경우 접근성이 우수한 쪽은 후자다. 고객이 직접 홈페이지 주소를 입력해야 하는 번거로움이 없기 때문이다.

홈페이지를 만들었지만 검색해도 노출되지 않으면 영업에 도움이 되지 않고, 문의 페이지를 바로 찾을 수 없으면 문의 페이지 클릭 건수도 늘어나지 않는다.

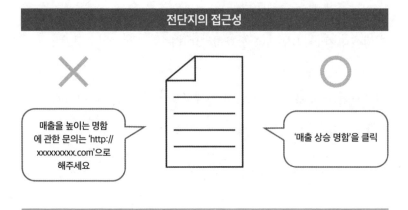

실제 접근성

인터넷뿐만 아니라 실제 접근성도 매우 중요하다. 예를 들어 매장 선반에 전단지를 꽂아놓아도 고객이 보지 않으면 아무런 소용이 없다.

'꽂아놓은 전단지가 일주일 사이에 얼마나 줄었는가' 하는 대략적인 숫자 관리와 더불어 '어떤 고객이 어떤 전단지에 관심을 보였는지'도 속성별로 분석해야 한다.

눈에 띄는 장소에 전단지를 비치하는 것도 중요하지만 그런 방식은 형식적일 뿐, 제대로 된 기능을 발휘하지 못한다. 가장 좋은 방법은 고객의 속성, 관심, 타이밍에 맞춰 영업사원이 직접 고객에게 말을 걸고 전단지를 보게 만드는 것이다. 다섯 페이지 분량의 팸플릿이 있다면 고객이 관심을 보일 만한 페이지를 펼쳐 설명을 덧붙여야 한다.

세미나나 상품 설명회에서도 마찬가지다. 세미나 회장에서는 책상 위에 전단지를 올려놓는 경우가 많다. 그중에서도 가장 나쁜 방법은 봉투에 담아두는 것이다. 고객이 쉽게 가져갈 수 있지만 결과적으로 열어보지 않을 확률이 높기 때문이다.

중요한 것은 고객이 그 자리에서 바로 확인할 수 있는가 없는가다. 접근성을 고려해 세미나, 스터디 모임, 상품 서비스 설명회 중에 "지금 설명하고 있는 내용은 이 전단지에 적혀 있습니다." "지금 전단지를 펼쳐보세요."라며 유도해야 한다.

판촉물의 종류를 간추려라

판촉물의 종류가 많으면 오히려 역효과를 부른다. 홍보하고 싶은 마음은 이해하지만, 한 번에 서너 장의 전단지를 받으면 고객은 무엇을 봐야 할지 망설이게 된다. 선택지가 늘어나면 정말로 확인해야 할 정보를 놓칠 수 있다. 여러 장의 전단지를 보여주고 어떤 상품에 관심을 보이는지 확인하는 방식은 피해야 한다.

만약 상대방의 니즈를 파악하지 못했다면 처음으로 돌아가 고객을 먼저 아는 것부터 시작한다. 고객을 알고, 무엇이 고객의 이익이 되는지 확인한 후 고객에게 맞는 판촉물로 간추려 제공한다.

조직 내 업무 동선을 생각하라

판촉물의 접근성을 고려하여 조직 내에 업무 동선이 짜여 있어야한다. 예를 들어 예전에 배포한 전단지를 본 고객으로부터 문의가들어왔을 때 누가 처음에 응대할 것인가, 누구에게 보고할 것인가를 미리 정해놓아야 한다. 고객센터를 운영한다면 과거 데이터베이스를 참고해 '바로 ○○과 영업사원에게 연락해야 한다'라고 알수 있다. 만약 신규 문의일 경우 신규 전문 부서로 연결하는 등 상세한 규칙을 정해둔다.

또한 업무 동선은 정기적으로 재검토해야 한다. 다양한 매체를사용하는 경우라면 언제나 변화를 주시해야 한다. 업무 동선을 재검토하는 타이밍은 신제품이 출시되었을 때, 조직이 개편되었을때 등이다.

4

제조사는 대리점, 소매점, 소비자와 관계를 유지해야 한다

제조사와 대리점의 관계

직접 판매와 대리점 판매

제조사가 소비자에게 상품을 판매하는 주요 판매경로는 '직접 판매'와 '대리점 판매'가 있다.

생명보험, 휴대전화, 자동차와 같이 대리점을 통해 판매하는 경우 판매경로는 '제조사 → 판매대리점 → 최종 소비자'다.

이처럼 제조사가 판매대리점을 경유할 경우, 제조사 입장에서

'최종 소비자'가 아닌 '판매대리점'을 고객으로 생각하는 경향이 있다. 이 생각이 꼭 잘못된 것은 아니다. 예를 들어 보험 판매대리점은 독점 판매대리점이 아닌 이상 A사의 보험, B사의 보험, C사의 보험을 한꺼번에 취급한다.

제조사는 '다른 회사의 상품보다 우리 회사 상품을 더 많이 팔아줬으면', '우리 회사를 조금 더 특별하게 여겨줬으면' 하는 마음에서 판매대리점 담당자(영업사원)와의 신뢰 관계 구축을 먼저 생각한다.

마진과 수수료에서 우위를 차지해도 경쟁사에 따라잡히면 지속적인 효과를 기대할 수 없다. 또한 제조사는 일반 판매대리점뿐만 아니라 독점 판매대리점도 '고객'이라는 생각을 가지고 좋은 관계를 유지하기 위해 노력해야 한다. 같은 판매자의 입장이라고 해서 지나치게 대리점에 의지하거나 실수를 했다고 해서 압력을 가해서는 안 된다.

주목해야 할 사람은 최종 소비자

한편 대리점에 전부 맡겨두는 것도 문제다. 대리점과 확실한 관계를 구축한 뒤에는 진짜 고객인 최종 고객(최종 소비자)과의 접점을 찾아야 한다. 대리점이 최종 소비자에 가깝기 때문에 대리점의 말을 있는 그대로 믿기 쉬우나, 최종 소비자가 정말로 바라는 것이 무엇인지를 알려고 노력해야 한다.

고객의 니즈는 변하기 마련이다. 깔끔하게 정돈된 홈페이지와 전단지, 팸플릿을 제작하더라도 제조사가 만든 판촉물이 시장심리를 반영하지 못하면 의미가 없다. 대리점과 관계를 유지하면서 최종 소비자와의 접점을 찾아야 한다. 대리점을 건너뛰고 최종 소비자와 접촉할 수도 있다.

또한 식품 제조사처럼 매입, 도매, 도매업자 등 중개업자가 있는 경우 '제조사 → 도매업자 → 소매점 → 최종 소비자' 형태의 거래 관계가 성립된다.

이런 경우에도 대부분의 영업사원은 도매업자를 중심으로 영업 활동을 펼치는데, 도매업자에게 지나치게 의존하지 말고 소매점과의 관계도 강화해야 한다. 도매업자에게 영업 능력이 없거나 파산이라도 하면 엄청난 위기를 맞게 된다. 도매업자를 건너뛸 수 없는 상황이라면 '직접 고객의 목소리를 듣고 판촉물을 수정하고 싶다'는 의견을 전한 후, 도매업자와 함께 소매점을 찾아간다.

제조사와 소매점의 흔들리지 않는 관계를 구축해두는 것이 중요하다.

5

이벤트 기획을 전부
회사에 맡기지 않는다

판촉 이벤트의 도입

판촉 이벤트를 효과적으로 활용하라

판촉을 위한 이벤트나 프로모션 활동을 진행한다면 반드시 기억
해야 할 내용이 있다. 193쪽 '4대 매체 광고의 연동성'에서도 이야
기했던 내용이다.

　전시회, 세미나, 콘퍼런스, 심포지엄 등 고객이 어떤 이벤트에
참가하는가(했는가) 하는 정보는 SFA와 CRM(305쪽 참조)을 활용

해 반드시 확인한다. 설문 조사 정보가 있다면 더더욱 사전에 확인해두어야 한다. 고객과 접촉할 때 중요한 정보로 활용할 수 있기 때문이다.

만약 고객이 이벤트에 참가하지 않더라도 해당 정보는 고객에게 연락할 수 있는 소재가 된다. 회사의 방침을 알릴 수 있는 계기도 될 수 있다. '이 고객은 판촉 이벤트에 관심이 없어', '멀어서 참가하기는 어렵겠어'라는 생각이 들어도 '우리 회사는 이런 일들에 힘을 쏟고 있다'라는 점을 고객에게 전달하는 데 의미가 있으므로, 영업에 적극적으로 활용해야 한다.

제휴 플레이의 중요성

예를 들어 자신의 고객이 전시회에 참가한다는 정보를 사전에 파악하면 미리 고객을 맞이할 준비를 할 수 있다. 접수처에 "A사의 X부장이 도착하면 알려주세요."라는 메모를 남겨둔다.

만약 영업사원 자신이 전시회에 참가하지 못할 경우, 사전에 연락하여 "전시회에서 저희 회사의 이런 점을 소개해드리고 싶었는데, 아쉽게도 당일에 제가 참석할 수 없게 되었습니다."라고 양해를 구한다. 또한 "다른 사원이 친절하게 안내해드릴 예정이니 걱정하지 마세요."라는 메시지를 전한다.

전시회가 끝난 후에는 현장에서 고객을 담당했던 직원에게 고객에 대한 정보를 묻고, 전화나 메일을 이용해 고객에게 연락한다. 조직의 제휴 플레이가 중요하다.

한 공간에 모이는 이벤트의 장점

전시회나 박람회처럼 출입이 자유로운 이벤트보다 같은 시간, 같은 공간에 일정한 사람들이 모이는 세미나나 콘퍼런스가 고객의 마음을 움직이는 데 더욱 효과적이다. '집단 동조성 편향'에 빠지기 쉽기 때문이다. 집단 동조성 편향이란 자신을 제외한 다수의 의견을 따르는 심리 효과다.

예를 들어 붐비지 않는 놀이공원이 재미있을 것이라고 생각할 수도 있지만, 오히려 사람이 많아야 즐거움이 배가된다. 콘서트도 마찬가지다. 다른 사람들이 열광하는 모습을 보고 자신도 따라 열광하게 된다. 또한 기념품 가게 앞에 사람들이 줄 서서 기념품을 사고 있으면 자신도 사고 싶어진다. 다수의 사람이 같은 행동을 하고 있으면 그 행동을 따라 하는 사람이 증가하게 된다. 이것이 집단 동조성 편향이다.

사람은 집단과 같은 행동을 하려는 습성이 있기 때문에 다수의 참가자가 제품을 구매하면 주변의 영향을 받아 '사지 않으면 나만

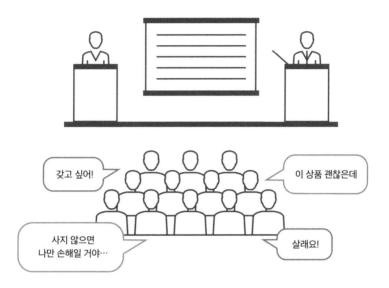

집단 동조성 편향의 효과로 고객은 제품을 구입한다

손해일 거야', '다른 사람들도 사는 거 보니까 나도 하나 사야겠어'
라며 그 자리에서 상품을 구매한다.

예를 들어 세미나 회장에서 건강식품을 판매할 때, 영업사원의
화려한 말솜씨에 설득된 주변 사람들이 너 나 할 것 없이 상품을 구
매하기 시작하면 그다지 관심이 없던 사람들까지 구매하게 된다.

한 공간에 모이는 이벤트의 과제

단, 참가한 사람에게 결재권이 없으면 실제 구매(계약)까지 이어지기는 어렵다. 예를 들어 학원 설명회의 결재권자를 떠올려보자. 설명회에 학원에 다닐 학생들만 참가한다면 등록까지 이어지지 않을 가능성이 크다. 결재권자인 학부모가 참가하지 않았기 때문이다.

판촉 이벤트는 돈과 노력, 시간이 필요하기 때문에 목적을 명확히 하고, 목적에 따라 이벤트를 실시해야 한다. 목적은 아이드마 단계로 생각하면 이해하기 쉽다. 고객에게 상품을 알리거나 관심을 유도하기 위해서인지, 아니면 계약을 체결하기 위한 마지막 수단인지를 생각한다. 판촉 이벤트를 기획하는 단계에서 분명히 해야 할 점이다.

판촉 이벤트를 기획·운영하는 부서가 달라도 영업사원은 적극적으로 참여해야 한다. 고객의 입장에서 보면 같은 회사이기 때문이다.

영업 활동에 힘 조절을

정기 접촉과 더불어 판촉 이벤트, 전시회 개최 안내 등으로 영업 활동의 완급을 조절한다. 예를 들어 우리 회사의 경우, 세법이 개

정될 때면 세무·고문회사의 경영자와 경리 담당자를 초대해 '세금 제도 대책 세미나'를 개최한다. 세무·고문회사의 결재권자에게 직접 정보를 제공할 수 있기 때문에 새로운 업무 제휴로 이어갈 수 있다.

이벤트 기획·개최는 전부 회사에 맡기지 말고 항상 함께한다. 수동적으로 일하기보다 영업사원이 먼저 '이런 이벤트를, 이 시기에 하고 싶다'라고 제안하는 것이 중요하다.

제6장

영업은
발로 하는 것이 아니라
머리로 하는 것

영업의 전략

1

마케팅은 '전략'을,
영업은 '전술'을 생각한다

마케팅과 영업의 차이

영업에서 '전략'이란?

전략이란 '싸우지 않고 이기는' 것이다. 전술은 싸움 전戰에 재주 술術을 써서 '싸움의 기술'이라고 쓰지만, 전략은 싸움 전戰에 간략 할 략略을 써서 '싸움을 줄인다'라고 쓴다. 전략이 치밀하면 치밀할 수록 쉽게 목표를 달성할 수 있다.

전략과 전술 중에서는 전략이 훨씬 중요하다. 중요한 전략을 영업사원 혼자서 생각해서는 안 된다. 전략은 기본적으로 회사에서 결정한다. 하지만 수많은 회사들이 올바른 영업 전략을 세우지 못한다. 전략이 있더라도 지극히 추상적이다. 사장이나 부장, 과장, 영업기획실 실장에게 영업 전략을 물었을 때 동일한 대답이 돌아와야 하지만, 모호하게 답하거나 답변이 서로 다른 회사들이 생각보다 많다.

"중기 경영 계획을 달성하기 위한 저희의 영업 전략은 새로운 판매 채널을 개척하는 것입니다."

자신감 있게 대답하는 영업 매니저도 있지만 '방침'을 전략과 혼동해서는 안 된다.

판매 채널을 개척하는 것은 목표를 달성하기 위한 방향이다. 즉 방침이다. 축구팀의 새로운 감독이 "저는 규율을 중요하게 생각하기 때문에 개인플레이를 하는 선수는 시합에 내보내지 않겠습니다."라고 인터뷰를 했다고 치자. 이것은 감독이 발표한 방침이지 시합에서 이기기 위한 전략이 아니다.

어떤 방향으로 영업을 펼쳐나갈 것인지 정하는 과정에서 어떤 상품을, 얼마에, 어떤 고객에게, 어떤 방식으로 팔 것인가를 계획하지 않는 회사들이 실제로 많다(구체적인 대책은 객관적인 숫자로 표현한 것이어야만 한다).

전략은 회사가 결정한다

전략이 추상적이면 최전선에서 싸우고 있는 영업사원의 부담감이 커진다. 전쟁에 비유하면 각각의 전선에서 전투 중인 병사들이 어떻게 싸워야 하는지를 매번 생각해야 하는 상황이다. 영업사원 개인이 완벽한 영업 방식을 갖추고 있어도, 조직에서 방침과 전략을 정해서 영업 활동을 할 때 생산성이 더욱 높다는 사실은 통계 수치로도 확인할 수 있다. 전략은 명확하게 세워야 한다.

영업 전략은 마케팅 사고로 생각하는 것이 좋다. 제1장에서 소개했던 미국의 마케팅 학자 제롬 매카시의 마케팅 믹스 사고방식을 보면 이해하기 쉽다. '제품, 가격, 판매 촉진, 유통·채널'을 가리키는 4P 이론이다. 어떤 고객에게 어떤 가격으로, 어떤 상품을 어떤 가격에, 어떤 방식으로 판매할 것인지 생각하면 정리하기 쉽다.

전략은 회사에서 결정하고 정기적으로 재검토하는 방식이 가장 이상적이다. 재검토 시점은 1년에 두 번 정도가 적당하다. 전략을 결정한 후에는 6개월 이상 기본 틀을 변경하지 않는다. 그만큼 전략은 시간을 들여 작은 부분까지 세세하게 결정해야 한다. 남는 시간에 대충 책정하는 것이 아니라 핵심 인물들이 모여서 2, 3일 정도 시간을 들여 만든다.

마케팅 리더십 매니지먼트

이번에는 내가 예전부터 구상해왔던 '마케팅 리더십 매니지먼트 Marketing Leadership Management, MLM'에 대해 설명하겠다. MLM은 마케팅 전략을 관리하는 부서가 강한 리더십으로 영업 매니지먼트 전체를 지휘하는 조직 운영의 형태다.

영업 매니지먼트 전체를 생각해서 '마케팅'과 '영업'을 각각 독립된 부서로 설치하고, 각 부서에서 담당해야 할 일을 명확히 구분해 각자의 일에 집중하는 방식이다.

> **· 마케팅 부서**
> '어떤 고객에게, 어떤 상품을, 얼마에, 어떻게 판매할 것인가'라는 전략과 행동 계획을 세우는 부서. 정보통신기술을 활용해 현장의 상황 변화를 실시간으로 확인하고 행동 계획을 수시로 관리한다.
>
> **· 영업 부서**
> 수립된 전략과 행동 계획대로 활동하며 고객별 맞춤 전술을 선택해 성과를 내는 부서. 자신의 경험과 감에 의존하지 말고, 실시간으로 바뀌는 데이터를 마케팅 부서로부터 받아 행동과 전술을 끊임없이 수정한다.

전략과 전술

MLM을 구상할 때 마케팅 부서는 '전략'을, 영업 부서는 '전술'을 담당한다.

- **전략**

  어떤 상품을, 얼마에, 어떻게 판매할 것인가 하는 목표를 달성하기 위한 계획과 시나리오. 마케팅 부서에서 결정한다.

- **전술**

  전략을 실시하기 위해(목표를 달성하기 위해) 각각의 고객과 어떤 관계를 구축할 것인가, 어떤 판촉물을 활용하고, 어떻게 이야기를 이끌어 갈 것인가. 기술로 인식되기 때문에 반복 훈련을 통해 몸에 익히는 경우가 많다. 구체적인 수단과 판매 방식을 말한다. 영업 부서(개개인의 영업사원)에서 결정한다.

마케팅과 영업을 구분하는 이유는 목표를 달성하기 위해 현장에서 열심히 땀 흘리는 영업사원이 안고 있는 '책임 부담(매출을 올리기 위한 영업 활동)'과 '창조 부담(마케팅 책정)'이 크기 때문이다. 수많은 영업사원들이 전략과 전술을 모두 생각한다. 어떤 고객에게 어떤 상품을 얼마에 제안할 것인가. 회사의 방침이 있어도 엄밀히 따지면 영업사원 개인의 재량으로 결정한다.

그런 이유에서 영업 매니저가 부하 직원에게 '지금 어떤 고객과 상담 중인가?', '어떤 제안을 하고 있는가?', '얼마에, 언제쯤 확정될 것 같은가?'를 수시로 묻는다. 자세한 내용은 잠시 후에 다루겠지만 영업 매니저는 영업 조직의 매니지먼트를 담당한다. 그런데 매니저가 팀원에게 '무엇을 위해, 어디에 가서, 어떤 제안을 할 것인가'를 매번 물어봐야 하는 상황에서는 매니지먼트 사이클을 제대로 관리할 수 없다.

또한 영업사원이 직접 결정하고 진행했을 때 성과를 내지 못하면 영업사원 자신이 책임을 떠안게 되는 경우가 많다.

조직의 방침과 전략을 따르지 않는 영업사원이 있으면 그 조직은 '각각의 영업사원이 모여 있는 집단'에 불과하게 된다. 조직이 아닌 단순 '집단'이다. 방침과 전략을 정하지 않으면 영업사원들 사이에서 실적 불균형이 발생한다. 이렇듯 지나치게 개인의 능력에 의존하면 조직 전체의 성과를 높일 수 없다.

미용실을 예로 들어 설명하면 이해하기 쉽다. 미용실에서 주로 사용하는 샴푸, 양모액, 염색약 등은 미용실 브랜드와 경영 방침에 따라 제품이 결정된다. 직원에게 의견을 물어볼 수도 있지만 회사는 전략을 바탕으로 상품의 라인업과 프로모션 방식, 판매 가격을 결정한다. 같은 상품이지만 판매하는 직원에 따라 실적이 달라지는 이유는 고객과의 관계 구축, 니즈 파악, 어떤 타이밍에 어떤 제안을 할 것인가에 대한 전술이 서로 다르기 때문이다.

일반 기업의 영업사원도 전략과 전술의 개념을 구분하여 누가 전략을 결정하고 누가 전술을 정할지 생각하는 것이 중요하다.

영업은 마케팅이 세운 전략을 따른다

마케팅 부서와 영업 부서를 독립시킨 경우, 영업 부서는 개인의 영업 방식을 포기하고 마케팅 부서가 정한 전략(행동 스케줄)에 따라 행동해야 한다.

영업사원은 마케팅 부서의 전략대로 움직이는 것이 기본이다. 전략대로 움직이면 '영업사원의 자율성과 창의성을 잃게 되지 않을까?'라고 걱정할 수도 있지만 실제로는 그렇지 않다. '상대방에게 어떻게 말을 걸어야 할까?', '고객의 신뢰를 얻기 위해서는 어떻게 해야 할까?'라는 커뮤니케이션에는 영업사원 개인의 능력과 창의성, 전술이 필요하기 때문이다.

단체 종목인 야구나 축구, 배구는 물론이고 복싱이나 테니스 같은 개인 종목도 하나의 팀으로 경기한다. 감독과 코치는 언제나 상대 선수와 자기 팀 선수의 컨디션을 데이터로 관리하며 전략을 세운다. 선수는 전략을 토대로 경기에 임한다. 하지만 막상 경기가 시작되면 시합을 풀어가는 방식은 오롯이 선수에게 맡겨진다. 전략이 자율성을 침해한다고 하지만 실제로는 그렇지 않다. 전략은 승률을 높이기 위해 반드시 필요하다. 그것은 영업 활동에서도 마찬가지다.

2

영업에서는
'프로덕트 아웃'이 적합하다

제품주의 VS. 시장주의

'프로덕트 아웃'과 '마켓 인'

제품과 서비스를 만드는 방식에는 '프로덕트 아웃Product out'과 '마켓 인Market in' 두 가지 방식이 있다.

일반적으로 상품을 개발할 때는 프로덕트 아웃보다 마켓 인 방식이 맞는다고 생각한다. 그런데 내 생각은 조금 다르다. '고객의 니즈를 파악해 고객의 니즈에 맞춘다'는 것은 말처럼 쉬운 일이 아니다.

마켓 인은 고객의 진짜 니즈를 찾아 그 니즈에 따른 제안을 하는 영업 방식이다. 그러나 고객이 무엇을 원하는지 파악했다고 해서 항상 거기에 맞춘 상품을 만들 수 있는 것은 아니다.

판매할 상품을 매번 고객 맞춤으로 준비할 수 없기 때문에 고객의 니즈를 파악했어도 결국은 제조사 상황에 맞춰 상품을 제안하게 된다.

마켓 인 사고는 상품 개발 과정에서 필요하다. 상품 개발의 기본은 고객의 니즈를 조사하고 분석하는 일이다. 회사는 주요 고객층을 결정한 다음, 고객이 필요로 하는 상품을 개발한다. 이후 영업사원이 고객의 니즈에 맞춰 개발한 상품 중에서 하나를 선택해 제안한다.

처음 회사를 세우거나 새로운 사업을 시작하는 단계에서는 이미 만들어진 상품을 어떻게 판매할 것인가가 영업 전략이므로 프로덕트 아웃 방식이 되는 것이 당연하다.

프로덕트 아웃의 고객 전략

오쏘혼다라는 회사가 있다. 이 회사는 의수·휠체어·보조 지팡이·좌식 유지 장치 등을 제작, 판매하는 회사다. 의수 장비는 개인에 맞춰 제작해야 하기 때문에 주문 제작 방식으로 판매한다.

하지만 제작할 수 있는 제품의 종류가 한정되어 있기 때문에 고객의 니즈에 맞추는 데도 한계가 있다. 예를 들어 고객이 휠체어와 함께 자신의 발에 맞는 재활 신발을 사고 싶어도 주문할 수 없다. 재활 신발이 필요하면 도쿠다케산업에 주문하면 된다. 재활 신발은 다른 회사에서 맞춤 제작으로 주문하는 것이다. 그러니까 이 두 회사는 자신들이 할 수 있는 범위 안에서 맞춤 제작을 실시하는 이른바 프로덕트 아웃 전략으로 성장을 이어가고 있다.

새로운 상품을 개발할 때는 그만큼 위험이 따른다. 따라서 '이 가격에 구매할 고객은 누구인가?', '어디에 있는가?'를 먼저 생각하는 것이 영업 전략의 기본이다.

고객의 니즈를 파악하는 일도 중요하지만 먼저 회사에서 판매하는 상품에 관심을 보이는 고객을 찾아야 한다. 기존 거래 고객만 상대하다 보면 그런 감각이 둔해진다. 그렇기 때문에 평소에 꾸준히 신규 고객을 찾아다녀야 한다.

3

이동 지역과 이동 규칙 관리로
접촉 횟수를 늘려라

고객 전략보다 영역 전략

고객과의 접촉 횟수를 최대화한다

제1장에서 정의한 대로 영업은 고객의 이익을 지원하고 정당한 대가를 받는 일이다. 고객의 이익을 지원하기 위해서는 먼저 고객을 알아야 하고, 신뢰 관계를 구축해야만 한다.

고객과 신뢰 관계를 구축하기 위해서는 만나는 횟수를 늘려야 한다(단순 접촉 효과). 전화나 메일보다는 직접 만났을 때 신뢰 관

회사 밖에 있는 시간

접촉 시간

이동 시간

한정된 영역, 한정된 시간 안에서 접촉 횟수를 최대로 늘리기 위해서는
이동 시간을 줄이는 것이 전략상 매우 중요

**영업 활동 중 이동 시간이 차지하는 비율을 계산하여
고객과의 신뢰 관계가 쌓이는 접촉 시간을 늘린다**

계가 더욱 돈독해지므로 영업사원은 회사 밖에서 활동하는 시간
을 확보해야 한다.

회사 밖에 있는 시간은 크게 두 가지로 나뉜다. 고객과 함께 있
는 '접촉 시간'과 고객이 있는 장소로 이동하는 '이동 시간'이다.
특히 영역이 정해져 있을 경우 한정된 영역, 한정된 시간 안에서
접촉 횟수를 최대한 늘리기 위해서는 이동 시간을 얼마만큼 줄이

는가가 전략상 아주 중요하다.

고객과 직접 만나는 횟수를 줄이면 그만큼 이동 시간이 줄어들 겠지만, 앞서 이야기한 대로 관계를 구축하기 위해서는 만나는 횟수를 줄일 것이 아니라 오히려 늘려야 한다.

영업사원의 한 달 근무시간 중 이동 시간이 얼마를 차지하는지 계산해본다. 방문 계획을 세울 때 담당 영역 전체를 조감하며 생각할 수 있는 중요한 지표가 된다.

필드 타임을 규칙으로 정한다

한정된 시간 안에서 영업 활동의 생산성을 높이기 위해서는 '몇 시부터 몇 시까지 회사 밖에서 영업 활동을 할 것인가'를 나타내는 필드 타임을 설정한다. 필드 타임은 개인이 아닌 조직에서 결정해도 좋다.

예를 들어 근무시간이 오전 9시부터 오후 6시까지라면 필드 타임은 오전 10시부터 오후 4시까지로 정하고 '오전 10시부터는 모든 영업사원이 외근을 나간다', '오후 4시 이전에는 회사로 복귀하지 않는다'는 사내 규칙을 만든다.

고전적인 방식이지만 특히 영역 전략을 중요시하는 영업 활동에서는 지금도 여전히 효과적인 방법이다. 사무실 벽에 지도를 붙여놓고 가장 효율적인 경로가 어디인지 한눈에 파악하는 방법도 좋다. 태블릿에 지도 앱을 설치해 추천 경로를 확인하는 방법도 있다.

구체적인 거래 상담에 들어갈 때는 영업사원의 스타일대로 실시해도 좋지만, 고객과의 관계를 구축하는 과정에서는 조직에서 결정한 규칙대로 움직이는 것이 영업의 기본이다.

공장 가동률에 비유하면

계획을 세우지 않고 영업사원 본인만의 방식대로 영업을 하다 보면 이동 시간, 방문 시간이 줄어들기는커녕 영업의 생산성이 오히려 나빠진다. 공장은 가동률이 중요하기 때문에 공장장은 언제나 기계가 작동하지 않는 시간을 얼마만큼 줄일 수 있는지를 생각한다. 이처럼 영업 활동의 생산성을 높이기 위해서는 접촉 시간과 이동 시간을 최대한 줄일 수 있도록 고객과 의논해가며 경로를 수정한다. 필드 타임이 정해져 있으면 그만큼 고객과의 접촉 횟수가 늘어난다.

중요한 상담을 제외하면 고객과 만난 장소에 머무는 시간은 짧아야 한다. 고객과 신뢰 관계를 쌓는 과정에서는 단순 접촉이 기본이다.

상대방 때문에 체류 시간을 조절하지 못하는 경우도 있다. 그러나 이동 시간은 '이동 지역'과 '경로 관리'로 조절할 수 있으므로, 담당 영역이 정해져 있는 경우 이동 시간을 조절하는 것이 중요하다. 계획 없이 무턱대고 방문해서는 안 된다.

모바일 시스템을 활용한다

모바일 단말기와 비즈니스 앱이 보편화된 요즘에는 이동 중에 급한 연락을 받아도 회사로 되돌아가지 않고 요청 사항에 대응할 수 있다. 전화, 메일, 첨부 파일 확인 등은 컴퓨터 없이 스마트폰만으로도 충분히 처리할 수 있다.

자료를 작성해야 하는 상황이 생겼을 때, 회사에 복귀하지 않고도 처리할 수 있도록 사내에서 근무 중인 직원과 협업하거나 사내 시스템을 활용해야 한다.

최근에는 영업사원이 자료나 메일을 작성하고 처리하는 데 드는 시간이 늘어나고 있다. 사무 업무에 대한 부담감 때문에 고객과의 접촉 횟수가 줄어들고 시간외노동이 늘어난다. 조직 전체의 영업 생산성을 높이기 위해서는 영업을 지원하는 사무원이나 부서와 확실하게 협업을 해나가야 한다. 반복해서 말하지만 지금은 영업사원 개인의 역량보다 조직력이 중요한 시대다.

4

영업사원은 기본적으로
할인을 해주지 않는다

할인 없는 가격 전략

할인을 요구하는 고객과 만나지 않는다

영업 현장에서 컨설팅을 하다 보면 안타까움을 느낄 때가 있다. 가장 안타까운 것은 영업사원이 '상품 가격을 낮춰야 팔린다', '가격을 내리지 않으면 팔리지 않는다'라는 생각에 사로잡혀 쉽게 할인을 해주는 경우다.

'견적 단계에서 경쟁업체에 고객을 빼앗긴 이유는 가격 때문'이라고 말하는 영업사원들이 있는데 잘못된 생각이다. 누구에게 팔 것인가, 무엇을 팔 것인가, 얼마에 팔 것인가, 어떤 방식으로 팔 것인가. 이 네 가지 요소 중에서 가장 중요한 것은 '누구에게 팔 것인가'다. '고객'이 가장 중요한 요소이기 때문에 어떤 고객을 찾느냐에 따라 실적이 좌우된다.

할인을 요구하는 이유는 영업사원과 고객 사이에 올바른 관계가 구축되어 있지 않거나, 할인해주지 않으면 사지 않는 고객을 찾은 영업사원 개인의 문제이지 상품 가격 때문이 아니다. 기존 고객과만 거래 문의에 대응만 하다 보면 이런 사고 패턴이 생기므로 주의해야 한다.

할인은 영업사원의 책임

고객은 가격만으로 구매 여부를 결정하지 않는다. 품질, 가격, 납품기한 등 전체적인 제안서 내용을 바탕으로 결정한다(가격만 따지는 고객은 좋은 고객이 아니다. 앞서 이야기했듯이 영업 전략을 재검토할 필요가 있다).

고객이 할인을 요구할 때는 영업사원이 고객의 관심을 가격에만 집중시켰을 가능성도 있다. 해당 제품이 고객에게 얼마나 큰 이익이 되는지 이해시키기 전부터 가격을 언급하면, 당연히 고객은 할인해주려고 가격을 먼저 이야기하는 것이라고 생각한다. 심지어 영업사원이 적극적으로 할인을 제안하는 경우도 있다. 할인을 언급해야 하는 상황을 영업사원 스스로 만들어서는 안 된다.

할인이 당연한 업계가 아닌 이상, 쉽게 할인을 해주거나 그런 분위기를 만들면 상품의 가치가 떨어진다.

돈은 민감한 것

예를 들어 견적 금액이 1,000만 원인 상품을 영업사원이 다음과 같이 할인해준다고 치자.

"원래 1,000만 원인데요, 지금 계약하시면 100만 원 할인해서 900만 원에 해드리겠습니다."

이 말을 들은 고객은 이렇게 생각한다.

"원래 가치가 1,000만 원이 아니라 900만 원짜리겠지."

영업사원이 적극적으로 할인을 제안하면 가격에 대한 신뢰가 크게 떨어진다. 고객은 상품의 가치를 모르기 때문에 더 많은 할인을 요구하게 된다. 한 번이라도 할인해주면 통상 가격으로 되돌리기 어렵다.

돈은 민감한 문제여서 돈 때문에 신용을 잃는 사람이 많다. 영업 활동은 고객과의 신뢰 관계에서 시작되는데 무분별한 할인으로 신뢰 자산을 떨어뜨리지 않도록 주의해야 한다.

특히 전례를 만들지 않아야 한다. 한번 전례를 만들면 영업사원에게 할인해주는 습관이 생긴다. '10원도 깎아주지 않는다'를 영업철칙으로 세운다. 영업사원이 상품의 정당한 가치를 1,000만 원으로 인식하면, 고객이 "900만 원에 해주세요."라고 했을 때 쉽게 "알겠습니다."라고 답하지 못한다. 영업의 목표는 금액으로 표현되기 때문에 쉽게 할인을 해주면 목표를 달성할 수 없다. 기본적으로 할인해주지 않는 자세가 필요하다.

할인 요구를 받지 않는 방법

고객으로부터 할인 요구를 받지 않기 위해서는 처음부터 할인을 말할 수 없는 분위기를 만드는 것이 좋다. 예를 들어 전단지나 홈페이지에 "제품 개발에 기울인 노력을 바탕으로 책정한 가격입니다."라든가 "저희는 적정한 가격이라고 생각합니다. 또한 단 한 번도 고객과 할인 상담을 진행한 적이 없습니다. 왜냐하면…."이라고 할인 상담을 진행하지 않는 이유를 미리 명시해둔다.

할인 요구를 받지 않기 위해서는

① 1,000만 원짜리 900만 원에 해주세요.

② 제품 개발에 기울인 노력을 바탕으로 책정한 가격입니다. 저희는 적정한 가격이라고 생각하고 있으며, 단 한 번도 고객과 할인 상담을 진행한 적이 없습니다. 왜냐하면….

③ 그러고 보니 전단지에도 그렇게 쓰여 있었어… 할인은 포기해야겠어.

할인해주지 않는 이유를 설명함과 동시에 전단지와 홈페이지에 명시해둔다

적정가격의 의미

'적정가격'이라는 단어가 있다. 적정가격은 '상품에 매긴 적절한 가격'이라는 의미가 아니라 '가격에 적정한 상품을 만들었다'는 의미로 받아들이는 것이 좋다. 상품을 만들고 가격을 정하는 것이 아니라 가격을 먼저 정한 다음에 상품을 만든다는 의미다. 그렇게 생각하면 가격을 깎아줄 수 없다.

영업 실적은 매출이 쌓여 만들어진다. 고객에게 건네야 할 말과 매력적인 대화 기술에 신경을 쓰는 만큼 가격 결정에도 관심을 가져야 한다. 가격에 무관심해서는 안 된다.

5

웹 전략에서 중요한 것은
현장 영업과의 연동

웹 활용 전략

영업 전략에서 웹의 위치

홈페이지나 SNS를 활용한 웹 프로모션을 통해 기업의 인지도가 상승하는 효과를 기대할 수 있다. 그만큼 우수한 콘텐츠를 지속적으로 업데이트해야 하기 때문에 시간적, 경제적 비용이 발생한다. 많은 기업이 홈페이지를 개설하지만 정보를 업데이트하지 않고 방치해서는 제대로 된 효과를 얻을 수 없다.

검색 엔진 최적화Search Engine Optimization, SEO 대책으로 방문자 수를 늘리고 문의와 자료 요청 건수를 늘리는 방법도 있지만, 영업의 관점에서 봤을 때 홈페이지는 고객이 능동적으로 찾을 수 있는 공간으로 만들어야 한다. 홈페이지는 우수한 콘텐츠를 꾸준히 업로드하며 관리해야 한다. 예를 들어 꼭 한 번 가보고 싶었던 가게에 갔지만 허름하고 지저분한 데다 오래된 상품만 진열되어 있으면 고객은 절대로 상품을 구매하지 않는다. 어떤 홈페이지를 만들 것인가도 중요하지만, 만들었다면 언제나 최신 상태로 관리해야 한다.

영업사원은 자신의 손이 닿지 않는 곳에서, 즉 언제 어디서든 고객이 홈페이지를 찾아볼 것이라고 생각해야 한다. 그렇기 때문에 홈페이지에도 관심을 갖고 수시로 확인해야 한다.

자신이 알려준 키워드로 검색했을 때 한 번에 회사 홈페이지가 노출되는지, 원하는 상품이 찾기 쉬운 위치에 배치되어 있는지, 알기 쉬운 단어로 표현되어 있는지, 고객 문의와 자료 요청 페이지로 이어지는 접근성에는 문제가 없는지 등 영업사원은 언제나 고객의 시점에서 생각해야 한다. 다른 부서에서 홈페이지를 만들었더라도 부서 간 의사소통은 원활해야 한다.

제7장

결과로만
말하라

영업의
매니지먼트

1

목표 달성의 비밀, 역산으로 사고하라

발생형 목표와 설정형 목표

목표에는 두 종류가 있다

매니지먼트란 조직의 목표를 설정하고, 경영자원을 효율적으로 분배, 활용하는 것이다. 이번에는 목표에 대해서 살펴보자.

기본적으로 목표는 '누가 설정하느냐'에 따라 두 가지로 구별된다. '발생형 목표'와 '설정형 목표'다.

- **발생형 목표**

  나 이외의 다른 사람이 설정한 목표(회사가 설정한 목표).
- **설정형 목표**

  내가 설정한 목표.

"영업 부문의 이번 분기 매출 목표는 ○○입니다."처럼 내가 아닌 회사나 상사가 설정한 목표가 발생형 목표다. 영업사원의 입장에서 보면 '필수$_{must}$'다. 목표를 달성해야 하는 사람은 '나'이지만, 다른 사람이 목표를 설정했기 때문에 나에게 '발생한' 목표라는 의미다.

한편 '매출 1등 영업사원이 될 거야', '이 상품을 업계에서 가장 유명한 상품으로 만들 거야'처럼 스스로 설정한 목표가 설정형 목표다. 이것은 '욕구$_{wants}$'다.

영업사원의 목표는 기본적으로 발생형 목표다. 발생형 목표는 상의하달 방식의 목표이며, 목표가 주어진 이상 반드시 달성해야만 한다. 목표가 주어졌을 때 '목표치가 너무 높다', '현장의 목소리가 전혀 반영되어 있지 않다'라고 불만을 토로하는 영업사원도 있다. 그럴 때는 상대방의 입장에서 생각해보길 바란다. 여기서 말하는 상대방은 경영자다. 경영자의 시점에서 왜 그런 목표를 설정했는지, 중기 경영계획이 있다면 그 계획을 살펴본다. 재무 정보를 확인할 수 있다면 해당 정보를 참고한다.

아무리 생각해도 이해할 수 없다면 반드시 물어봐야 한다. 경영자의 시점을 배울 수 있는 좋은 기회가 될 것이다. 확인해보지도 않고 '회사로부터 목표를 강요받기 싫다', '목표치가 너무 높아 달성할 수 없다'라고 반발만 하면 의견은 받아들여지지 않는다.

발생형 목표와 역산 사고

목표를 달성하기 위해서는 '역산 사고'로 생각한다.

> **• 역산 사고**
> 목표를 명확히 하고, 목표에서 역으로 계산해 전략을 세우고, 객관적 데이터를 바탕으로 행동 계획을 만들어, 행동 계획대로 움직이면서 목표를 달성할 때까지 수정을 반복하는 사고.

목표에서 역으로 계산하면 지금 무엇을 해야 하는지를 알 수 있기 때문에 시간을 관리할 수 있다.

예를 들어 5년 후 전국으로 사업을 확장하는 것이 목표라면 그때까지 어느 정도의 규모로 회사를 성장시켜야 하는지, 영업 지점은 어느 지역에 몇 개 정도 설치해야 하는지, 인원은 얼마나 충원해야 하는지, 수익은 어느 정도 확보해야 하는지 등에 대한 중장기 경영계획이 결정된다. 목표에서 역으로 계산해 경영자원의 배분을 생각한다. 이것이 매니지먼트의 본질이다.

중장기 계획에서 역으로 계산해 4년 차, 3년 차, 2년 차, 1년 차의 목표를 생각하고 그때까지 무엇을 해야 하는지(어떤 상태가 되어야 하는지)를 정확하게 설정한다. 목표에서 역으로 계산하면 이번 달에 해야 할 일, 이번 주에 해야 할 일, 오늘 해야 할 일도 정해진다.

설정형 목표 세우는 법

발생형 목표는 경영계획과 직접적으로 연결되기 때문에 회사가 개인에게 목표를 할당한다. 한편 설정형 목표는 자신의 경력을 고려해 본인이 (상사와 함께) 세우는 목표다.

자신이 앞으로 어떤 사람이 되고 싶은지, 회사와 고객 그리고 사회에 어떻게 공헌할 것인지를 생각한다. 다양한 경험을 쌓아가는 한편 상사와의 정기적인 대화를 통해 조금씩 고쳐간다.

이처럼 영업 매니지먼트에는 두 가지 종류의 목표가 존재한다. 영업사원의 목표는 기본적으로 발생형이기 때문에 회사의 사업계

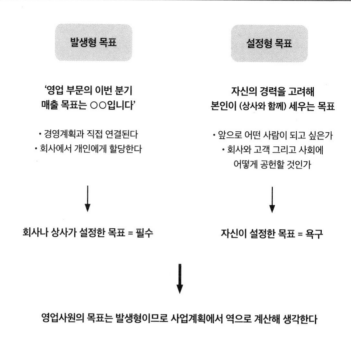

발생형 목표와 설정형 목표의 차이

발생형 목표

'영업 부문의 이번 분기
매출 목표는 ○○입니다'

· 경영계획과 직접 연결된다
· 회사에서 개인에게 할당한다

↓

회사나 상사가 설정한 목표 = 필수

설정형 목표

자신의 경력을 고려해
본인이 (상사와 함께) 세우는 목표

· 앞으로 어떤 사람이 되고 싶은가
· 회사와 고객 그리고 사회에
어떻게 공헌할 것인가

↓

자신이 설정한 목표 = 욕구

↓

영업사원의 목표는 발생형이므로 사업계획에서 역으로 계산해 생각한다

획에서 역으로 계산해 설정한다. 팀이나 개인이 설정하지 않는다. 경영자는 목표의 근거를 정확하게 설명해야 하며, 회사의 비전을 알리고 사업계획을 달성하기 위해 어떤 경영자원을 충당할 것인지 밝혀야 한다. 충분한 설명 없이 목표 숫자만 전달하고, 달성 방법(경영자원을 어떻게 이용할 것인가)을 영업사원이 생각하게 만들어서는 안 된다.

2

결과를 낸 뒤
과정을 생각하라

결과주의와 과정주의

결과주의의 폐해

영업 목표를 달성하는 데는 다양한 방법이 존재한다. 방법을 바꾸면 매니지먼트의 발상도 달라진다.

영업 매니저 중에는 "결과도 중요하지만 과정이 더욱 중요해."라고 말하는 사람이 있는가 하면 "무슨 수를 써도 좋으니까 결과를 내!"라고 말하는 사람도 있다. 결과주의와 과정주의 중 무엇이 중요할까?

고도경제성장기와 버블경제 때는 결과를 중요하게 생각했다. 그 이유는 크게 두 가지다.

첫 번째는 제품을 만들면 팔리던 시대였다는 점이다. 1955년부터 1973년까지 일본의 실질경제성장률은 연평균 10퍼센트를 넘었는데, 이 수치는 당시 유럽과 미국의 2~4배에 달한다. 대량생산, 대량소비 사회에서는 매니지먼트를 하지 않아도(어떤 과정을 거쳐도) 결과를 낼 수 있었다.

두 번째 이유는 지금처럼 노무규정·취업규칙의 제한이 없어 장시간 노동을 마다하지 않던 시대적 분위기에 있다. '결과를 낼 때까지 돌아오지 마!'라는 정신과 근성이 밑바탕에 깔려 있었다.

하지만 지금은 시대가 달라졌다. 1990년 이후 실질경제성장률은 침체되었고 제품을 만들어도 팔리지 않는다. 또한 영업사원의 스트레스 내성도 예전만큼 강하지 않아 '결과를 낼 때까지 일해!'라는 강요는 더 이상 통하지 않는다. 고객의 기호까지 다양화되어 예전과 같은 방식으로는 결과를 낼 수 없다. 그래서 더욱 고객의 말에 귀를 기울여야 하고, 돈독한 신뢰 관계를 쌓아야 한다. 매니지먼트가 필요한 이유다.

과정지상주의의 폐해

최근에는 결과보다 과정을 중요시하는 사고방식이 주를 이룬다. 이러한 시대적 흐름은 영업 관련 서적만 봐도 읽어낼 수 있다. 과거의 영업 관련 서적을 분석해보면 변화의 흐름을 알 수 있다. 1980년부터 1995년까지는 '어떻게 고객을 설득할 것인가', '열혈 영업', '내가 팔지 못하는 물건은 없어' 같은 제목과 내용의 책이 많았지만, 2000년대에 들어서면서 이런 제목들은 자취를 감췄다. '팀으로 영업력을 끌어올리는 법', '제안 영업과 컨설팅 세일즈', '심리학으로 접근하라', '영업에 데이터 분석을 도입하라' 같은 제목이 많아졌다. 이처럼 최근에는 객관적 데이터를 바탕으로 과정을 중요시하는 경향이 강해졌다.

과정을 분석하고 되돌아보면 같은 잘못을 반복하지 않을 가능성이 커진다. 우연히 잘 풀린 일도 똑같이 재현할 수 있다.

다만 과정을 중요시하는 것도 좋지만 지나치게 과정만 의식해서는 안 된다.

과정지상주의자는 지나치게 과정에 집착하다 보니 결과로 이어가는 집중력이 약하다. 이러한 사고방식을 가진 영업 매니저는 '결과가 나오지 않는 이유는 과정의 문제이지 내 탓이 아니야'라고 착각하기 쉽다.

당연히 과정도 중요하다. 그러나 정해진 과정만 지키면 되는 것도 아니다. 변화에 발 빠르게 대처하고 시행착오를 반복하며, 끊임없이 과정을 재검토해야 한다.

'이러한 과정으로 업무를 진행하면 이 정도의 결과가 나올 것이다'라는 가설을 세우고 결과를 낼 때까지 실천한다. 그리고 설정한 과정을 PDCA 사이클로 수시로 관리한다. 판촉물과 홈페이지 관련 부분에서 이야기했던 내용과 같다. 스포츠 시합과 마찬가지로 팀원들이 서로 끊임없이 대화하며 세세하게 조정해가는 것이 중요하다.

영업은 제조업과 달리 결과를 내는 과정 속에 불확실한 요소가 많다. 과정대로 실천한다고 해서 반드시 결과가 나오는 것은 아니다. 영업에 '승리의 방정식'은 없기 때문에 '하지 않는 것보다 하는 편이 좋다'라는 자세로 꾸준히 실천해야 한다.

영업 매니지먼트에는 정해진 영업 프로세스를 따르면서도 결과를 위해 끊임없이 수정해나가는 자세가 필요하다.

3

결과를 내기 위한
전제 조건

정신력과 근성의 매니지먼트

정신력과 근성이 필요한 이유

'정신력과 근성'이라고 하면 '시대착오적이다', '지금은 더욱 똑똑하게, 효율적으로 일해야 한다'라는 목소리가 자연스럽게 따라온다.

'정신력과 근성으로 결과를 낸다'라는 말이 시대착오적으로 느껴질 수 있다. 하지만 나는 정신력과 근성이 없으면 목표를 달성할 수 없다고 확신한다. 왜냐하면 '정신력과 근성을 가지고 일해라'라는 말은 '집중해서 일에 전념해라', '기세로 밀어붙여라'라는 말과 같기 때문이다.

정신력과 근성은 '현상 유지 편향'에서 벗어날 때 필요하다.

누구나 모르는 일, 해보지 않은 일은 하기 싫어 하고 현재 상태를 있는 그대로 유지하고 싶어 하는 욕구를 갖고 있다. 이 욕구를 현상 유지 편향이라고 한다. 앞서 이야기한 대로 목표를 달성하기 위해서는 역산 사고가 필요한데 지금까지 생각해보지 않았던 시장과 채널, 상품에 관심을 가져야 할 때가 생긴다. 과거에 경험해본 적이 없으면 '해도 아무런 의미가 없어', '이걸 계속한다고 해서 정말로 결과가 나올까?'라며 망설이기 마련이다.

이때 결과를 내지 못하는 영업사원은 현상 유지 편향에서 벗어나지 못한 채 새로운 것에 도전하지 않는다.

영업 현장에 들어가 컨설팅을 하다 보면, 수많은 이유와 이론을 들어가며 설득해도 현상 유지 편향에서 벗어나기 쉽지 않다는 것을 알 수 있다. 현상 유지 편향에서 벗어나기 위해서는 '지금까지와는 다른 일', '지금까지 피해왔던 일', '하고 싶지 않았던 일'에 익숙해져야 한다. 이때 정신력이 필요하다.

앞서 이야기했듯이 영업 프로세스에 영원한 완성은 없다. 지금까지 해왔던 방식이 더 이상 통하지 않게 되는 경우도 있다. 항상 시행착오를 반복하고 꾸준히 노력하지 않으면 안정된 영업 실적을 올리지 못한다.

머리로는 알지만 좀처럼 행동으로 옮길 수 없을 때는 파이팅을 외치며 마음가짐을 바꾸는 것이 중요하다.

파이팅을 외친다고 성과가 나오는 것은 아니다

물론 정신력과 근성만 있는 매니지먼트로는 결과를 낼 수 없다. 느슨해진 분위기를 전환하기 위해 때로는 "조금 더 힘을 내자!" "아직 근성이 부족해!"라며 자신을 채찍질하거나 후배를 격려하는 일도 필요하지만, 응원만으로 끝내서는 안 된다. 스포츠의 세계도 마찬가지다. 파이팅만으로는 이길 수 없다. 과정과 숫자를 냉정하게 객관적으로 분석하여 어디에 문제가 있고, 어떻게 하면 개선할 수 있는지를 찾아야 한다.

정신력과 근성만으로는 결과를 낼 수 없다고 해서 '정신력과 근성이 있어도 결과를 낼 수 없다'는 것은 아니다. 정신력과 근성은 결과를 내기 위한 전제 조건이다.

4

진행이 더디면
계획을 점검하라

영업의 PDCA 사이클

목표를 행동 계획에 반영하라

영업 매니저는 PDCA 사이클(Plan → Do → Check → Act)을 효과적으로 활용해야 한다. 목표에서 역으로 계산해 가설을 세우고, 계획을 수립해 부하에게 전달한다. 정기적으로 확인하며 달성할 때까지 끊임없이 계획안을 수정한다. 어려운 일은 아니지만 많은 회사에서 PDCA 사이클을 잘 활용하지 못한다.

나는 여러 회사의 영업 현장을 지원하면서 '계획Plan'의 의미를 정확하게 이해하지 못하는 영업 매니저가 많다는 느낌을 강하게 받았다.

한 매니저에게 "현재의 계획을 알려주세요."라고 요청했을 때 "적극적으로 신규 고객을 유치하는 것이 우리 팀의 계획입니다."라는 답변이 돌아왔다. 적극적으로 신규 고객을 유치하는 것은 계획이 아니다. 각오일 뿐이다.

계획은 구체적인 행동 계획을 말한다. 예를 들어 '신규 고객 유치로 매출 10억 원을 달성한다'라는 목표를 설정했다면, 역으로 계산해 '10억 원의 매출을 올리기 위해서는 최소한 신규 회사 몇 개와 계약을 체결해야 하는지', '신규 고객을 유치하기 위해 고객 목록 중에서 몇 명의 고객과 만나야 하는지', '꾸준한 접촉을 위해서는 몇 명의 영업사원이 필요한지'와 같은 행동 계획을 세워야 한다.

매니지먼트의 정의에서 이야기한 것처럼 어떻게 경영자원을 효과적으로 배분할 것인가를 고민하는 것이 매니저의 일이다. 영업사원이라는 인적자원의 행동을 어느 시간대에 배분할 것인가가 계획이다.

PDCA 사이클의 계획(P)은 기준이 되는 중요한 단계다. 영업 목표를 달성하기 위해서는 정확한 목표를 세우고, 구체적인 행동 계획으로 실천해야 한다. PDCA 사이클이 원활하게 돌아가지 않는 이유는 행동 계획이 명확하지 않고 영업사원이 무엇을 해야 하는지 모르는 경우가 많기 때문이다.

계획대로 행동한다

PDCA의 '실행$_{Do}$'은 행동 계획대로 실행하는 단계다. 당연한 일이 의외로 가장 어렵다.

조직의 목표가 기본이고, 그 목표에서 역으로 계산해 행동 계획을 세우고 개인에게 할당하는 것이 올바른 순서다. 개인의 목표에서부터 개인의 행동 계획을 세워서는 안 된다. 그렇게 하면 책임 소재가 불분명해진다.

영업 매니지먼트의 목적은 조직의 목표 달성이다. 역전 마라톤을 예로 들면 팀은 우승을 위해 각각의 선수가 각각의 구간을 몇 시간 안에 달려야 하는지를 생각한다. 그래서 목표는 발생형이다. 설정형이 아니다. 즉 선수가 원하는 기록 안에서 달리는 것이 아니다.

마찬가지로 행동 계획은 자신이 설정하는 것이 아니라 조직에서 생각하고 계획한다. 실행은 완수가 전제되어야 한다. 계획은 세웠지만 영업사원 개인의 기분에 따라 실제 행동으로 옮기지 않으면 조직 전체에 영향을 미친다.

확인은 정기적으로

PDCA의 '확인_{Check}'은 정기적으로 실시한다. 내용은 반드시 사실을 바탕으로 확인한다. 기본적인 체크 항목은 숫자로 변환하는 습관을 기른다.

몇 명의 고객을 만났는지, 핵심 인물은 만났는지, 몇 번 만났는지, 견적서와 제안서는 제공했는지 등 각각의 목표를 숫자로 설정해두는 것이 중요하다. 그리고 실적과 대조해가며 정기적으로 확인한다. 목표와 실적을 비교한 자료를 준비하고, 정기 회의를 통해 검증하고 분석한다.

이 같은 검증 행동(확인)은 과거를 되돌아볼 수 있어 좋지만, 가능한 한 짧은 시간 안에 끝내야 한다. 짧은 시간 안에 끝내기 위해서는 숫자로 검증해야 한다. 글이 많은 자료를 준비하거나 말로 길게 설명하지 않는 것이 PDCA를 효율적으로 이용하는 비결이다.

개선에 시간을 들여라

앞에서 이야기했듯이 PDCA의 확인(C) 단계에 쓰는 시간을 줄이는 것이 중요하다. 대신 그다음 단계인 '개선_{Act}'에 경영자원을 할당한다. 비율로 치면 확인 3에 개선 7 정도가 바람직하다.

개선은 계획과 비슷한 방식이다. 조직에서 세운 목표가 있고, 계획이 있다. 계획의 개선책은 반드시 조직의 목표에서 역으로 계산한다. 다시 한번 역전 마라톤에 비유하면 한 구간의 선수가 예상했던 기록을 내지 못했을 때 누가 보완할 것인지, 수정 계획을 설정한다. 개인이 할 수 있고 없고의 문제가 아니라 조직 전체가 경영자원의 재분배를 염두에 두고 개선 아이디어를 내야 한다.

한 영업사원의 상담 전환율이 예상했던 것보다 좋지 않았을 때 누가 보완할 것인지, 다른 영업사원에게 성공 사례가 있다면 그것을 참고해 계획을 재검토하는 등 조직 차원에서 다양한 아이디어를 모아야 한다. 예를 들어 대화를 이렇게 진행했을 때 고객 반응이 좋았다든가, 판촉물을 A, B로 시험해봤더니 이 패턴이었을 때 효과가 좋았다는 등의 아이디어가 나올 수 있다.

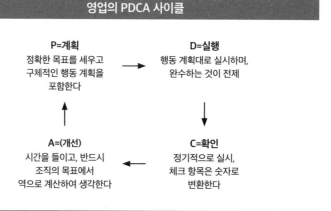

영업의 PDCA 사이클

P=계획
정확한 목표를 세우고
구체적인 행동 계획을
포함한다

D=실행
행동 계획대로 실시하며,
완수하는 것이 전제

A=(개선)
시간을 들이고, 반드시
조직의 목표에서
역으로 계산하여 생각한다

C=확인
정기적으로 실시,
체크 항목은 숫자로
변환한다

5

회의의 90퍼센트는
없앨 수 있다

영업 회의의 진행

쓸데없는 회의의 특징

PDCA 중 계획(P)을 명확하게 세우면 정기적으로 모여 영업 회의를 진행해도 짧은 시간 안에 끝날 뿐만 아니라 자주 개최할 필요도 없다. 확인해야 할 사실을 숫자로만 작성하면 회의 자료도 간소해진다.

영업을 비롯해 사회 전반에서 생산성 향상에 주목하고 있지만,

일하는 사람의 시간을 빼앗는 쓸데없는 회의는 사라지지 않고 있다. 어떻게 해야 쓸데없는 회의를 없앨 수 있을까?

나는《나쁜 회의》라는 책에서 "회의의 90퍼센트는 없앨 수 있다."라고 말했다. 내가 10년 이상 진행하고 있는 영업 매니저 연수에서 수강자들이 꼽은 '쓸데없는 회의' 패턴은 다음의 세 가지다.

> ① 보고만으로 끝나는 영업 회의
> ② 목적을 알 수 없는 영업 회의
> ③ 다음 행동을 정하지 않은 채 끝나는 영업 회의

① 보고만으로 끝나는 영업 회의

보고만 하는 영업 회의는 회의 참가자들이 돌아가면서 현재 상황을 보고하기만 하는 회의다.

"이번 달 목표 매출 1억 원 중 8,900만 원을 달성했습니다."

"1,100만 원 부족한 부분은 다음 달에 만회할 수 있도록 노력하겠습니다."

"A건설과 상담이 예정되어 있어 이번 달 매출은 800만 원 정도 추가될 가능성이 있습니다. 그런데 고객사 부장이 우리 회사의 서비스에 대해…"

이런 보고가 끝없이 이어지는 영업 회의는 할 필요가 없다. 결과 보고가 아닌 어떤 행동 계획이 있었고, 그 행동이 틀리지 않았는지, 행동한 결과가 어땠는지 등의 데이터를 숫자로 표현한다. 그리고 말로 하는 추가 설명은 간단하게 덧붙인다.

보고만으로 끝나지 않고 '계획대로 일을 진행하기 위해서는 조직 차원에서 어떻게 하면 좋을까?'라는 PDCA 사이클의 '개선(A)'에 많은 시간을 투자하는 것이 중요하다.

② 목적을 알 수 없는 영업 회의

애초에 무엇을 위해 영업 회의를 열었는지 목적을 알 수 없는 영업 회의가 많은 것도 사실이다. "앞으로 시작할 영업 회의는 무엇을 위한 회의입니까?"라고 참석자 전원에게 물어보자. 만약 전원이 같은 대답을 하지 않는다면 그 회의는 목적을 알 수 없는 회의다.

회의는 영업사원이 조직적으로 움직이기 위한 수단으로, 목적을 달성하기 위해 실시한다. 그런데 대부분은 회의 자체가 목적이 되어버린다. 회의가 목적이 되면 '어떤 논의를 나눌 것인가', '어떤 정보를 공유할 것인가', '누구를 회의에 부를 것인가'도 모호해진다.

목적이 명확하지 않는 영업 회의는 참석하지 않아도 된다. 그런 영업 회의는 없애도 조직의 목표를 달성하는 데 아무런 문제가 되지 않는다.

③ 다음 행동을 정하지 않은 채 끝나는 영업 회의

참석자에게 보고만 받고, 마지막으로 "월말이고 하니 이번 달은 마감하겠습니다." "내일부터 더욱 열심히 해주세요."라는 말로 끝내서는 안 된다. 현재 상황을 토대로 '앞으로 어떻게 해야 하는지' 정확한 지시를 내려야 한다. 참석한 모든 사람에게 숫자를 이용해 다음 행동을 알려주는 것이 이상적이다.

효율적인 회의 진행을 위한 포인트

회의를 효율적으로 진행하기 위해서는 '사전 준비', '회의 진행', '사후 추적' 세 가지 과정으로 나누어서 생각한다.

> **· 사전 준비**
>
> 회의의 '목적'은 무엇인가? 목적을 위한 '목표'는 무엇인가? 목적과 목표를 합친 '자료'는 무엇인가? 목적과 목표를 달성할 '사람'은 누구인가? 이런 내용을 명확히 한다.
>
> **· 회의 진행**
>
> 회의를 진행하면서 지켜야 할 규칙도 결정한다.
>
> (규칙의 예)

① 시작하면서 회의 주제를 발표하고 회의의 종료 시간과 목표를 공유한다.

② 1인당 1분 이내로 발언한다(초시계로 측정).

③ 보고는 간결하게, 다음 행동에 대한 설명 시간을 갖는다.

• **사후 추적**

마지막으로 다음 회의를 위해 어떤 행동을 해야 하는지 모든 참석자에게 알린다. 회의와 회의 사이에 아무런 행동도 하지 않는다면 회의를 진행하는 의미가 없다.

물론 회의는 필요하다. 그러나 회의보다 계획을 세우고 그 계획대로 실행하는 분위기를 먼저 조성해야 한다. 행동으로 옮기지 않는 조직은 회의를 할 필요가 없다. 그저 모여서 보고만 하고 상사로부터 "그건 안 돼." "조금 더 제대로 해."라는 말만 듣는 회의는 귀중한 경영자원을 빼앗을 뿐이다.

자료 만들기에 시간을 쓰지 않는다

영업 매니저는 회의에 사용할 자료 만들기에 시간을 빼앗겨서는 안 된다. 영업 매니저가 있어야 할 장소는 '현장'이다. 최근의 영업 매니저는 축구팀에 비유하면 패스를 주고 멤버를 움직이는 사령탑 역할을 담당한다. 따라서 스스로 현장에 나가 감독 겸 선수로 뛸 필요가 있다. 고객의 상황과 시장을 비롯한 외부 환경은 끊임없이 변화한다. 현장에 나가지 않으면 그만큼 둔감해진다. 가끔 잘 아는 거래처에만 얼굴을 내밀어서는 시대의 변화를 알아차리지 못한다. 영업 회의와 자료 만들기를 축구에 비유하면 하프타임에 해야 하는 일과 같다. 가능한 한 짧게 끝내야 한다. 자료 만들기나 회의에 시간을 많이 사용하면 그만큼 현장에 나갈 시간이 짧아진다.

6

최소한의 목표를 달성하게 하는 매니지먼트 방법

예재 관리

'목표를 달성하기 위해서'가 아니라 '최소한의 목표를 달성하는' 방법

내가 운영하는 회사에서는 2005년부터 '예재 관리'라는 독자적인 영업 매니지먼트 방법을 사용하고 있다. 여기서는 예재 관리에 대해서 알아보자.

예재 관리는 기존의 영업 매니지먼트 방법과는 근본적인 발상

> **· 예재 관리**
>
> 목표의 2배에 해당하는 예재(예정된 재료)를 사전에 확보하여 목표 미
> 달의 위험을 피하는(최소한의 목표를 달성하는) 영업 매니지먼트 방법.

이 다르다. 예재 관리는 목표를 달성하기 위해서가 아니라 최소한의 목표를 달성하기 위한 방법론이다.

예를 들어 1년 목표가 100억 원인 경우 '200억 원의 재료'를 미리 준비한 상태에서 영업 활동을 실시한다. 목표는 100억 원이지만 200억 원분의 영업·마케팅 활동을 실시하기 때문에 목표 미달의 위험을 피할 수 있다.

예재 관리를 할 때는 목표의 두 배에 해당하는 예재를 준비해 두었다가 문제없이 진행될 수 있도록 운영한다. 안건 관리로 착각하는 경우가 있는데 예재란 다음과 같다.

- 사전에 준비하는 영업 재료
- 미래의 매출이 될 영업의 예정 재료

예재는 ① 예상 ② 준비 ③ 백지 세 종류로 나뉜다.

① 예상

구체적인 고객·시장에서 확실한 숫자로 예상되는 재료(전기 실적, 정해진 시기에 매년 들어오는 주문 건 등).

② 준비

고객에게 제안서나 견적서를 제시하고, 수주를 위해 준비하고 있는 재료(일반적인 안건, 거래 상담에 해당).

③ 백지

아직 준비하지 않은 백지 상태의 재료. 이번 분기에 도전해야 할 재료.

'예상 + 준비 + 백지'로 목표 예산의 2배

예재 관리는 '예상'과 '준비'를 합쳐 목표 예산의 100퍼센트를 충분히 뛰어넘게 설계한다.

예상 + 준비 = 목표 예산의 100% 이상

상담이 계약으로 이어질 확률은 100퍼센트가 아니기 때문에 위험에 대비해 '예상'과 '준비'의 합계는 100퍼센트 이상이 되도록 설계한다.

'백지'는 이번 분기에 도전해야 할 재료다. '고객이 아직 관심을 보이지는 않지만, 이 고객이라면 이 정도의 계약은 체결할지도 모른다'라는 가설을 세운다. 백지를 늘리기 위해서는 고객과 시장을 정확하게 이해해야 한다. 소극적인 자세로 영업 활동을 펼치다 보면 고객과 시장을 이해할 수 없기 때문에 백지를 만드는 습관도 생기지 않는다.

백지가 충분히 준비되어 있지 않은 상태에서 예상과 준비가 급격하게 줄어들면 더더욱 재기하기 어려워진다. 목표 미달의 위험이 높아진다.

예재 관리는 예상, 준비, 백지를 합쳐 목표의 두 배(200퍼센트)에 달하는 재료를 준비하는 것이 기본이다.

두 배 이상의 예재가 있고, 항상 예재 관리 사이클을 반복해나가면 몇 가지 준비가 실적으로 이어지지 않더라도 목표는 달성할 수 있다.

예재 관리의 두 가지 장점

목표의 두 배에 달하는 예재를 준비해놓고 영업 활동을 하면 다음과 같은 두 가지 장점이 있다.

① 위험 분산이 가능하다

영업 활동을 하다 보면 불확실한 일들이 연속으로 일어날 때가 있다. 주문이 취소되거나 다음 분기로 넘어가는 일도 흔히 일어난다. 거래 금액이 큰 거래처로부터 할인 요청을 받아 매출이 줄어들지도 모른다. 그러나 예재 관리를 하면 기존 거래 고객뿐만 아니라 구매 잠재력이 있는 여러 고객과 관계를 꾸준히 이어갈 수 있어 위험을 분산시킬 수 있다. 또한 명확하고 심플한 매니지먼트 규칙을 통해 모든 영업사원의 예재 아이디어를 모아 관리할 수 있다. 개개인의 기술에 좌우되지 않을뿐더러 매출을 특정 지역이나 인기 상품, 우수 사원에 의존하지 않게 된다.

② 복리 효과를 얻는다

예재 관리를 하면 이번 분기뿐만 아니라 이후의 예재도 생각하게 된다. 중장기적 관점에서 고객을 만날 수 있다. 예재는 조직 안에 조금씩 쌓여간다. 예재가 회사의 자산이 되면 영업사원의 부담도 덜어지고, 자신감이 생겨 더욱 적극적으로 일하게 되는 선순환이 생긴다. 예재 자산이 쌓일수록 즐겁고 안정적으로 영업 목표를 달성할 수 있다.

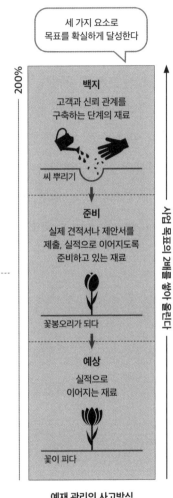

세 가지 요소로
목표를 확실하게 달성한다

200%

백지

고객과 신뢰 관계를
구축하는 단계의 재료

씨 뿌리기

준비

실제 견적서나 제안서를
제출, 실적으로 이어지도록
준비하고 있는 재료

꽃봉오리가 되다

예상

실적으로
이어지는 재료

꽃이 피다

사업 목표의 2배를 쌓아 올린다

100%

사업 목표

달성 가능한
예산

실제로는…

이대로는
사업 목표를
달성할 수
없다

기존의 사고방식

예재 관리의 사고방식

사업목표×2=예재(예상+준비+백지)

예재 관리와 안건 관리

예재 관리는 일반적인 '안건 관리(상담 관리)'와 다르다. 안건 관리, 상담 관리는 이미 발생한 안건(상담)에 대한 관리이며 고객의 명확한 의사 표시에 따른다.

그러나 예재 관리는 고객의 잠재력을 추측한 가설(백지)을 포함한다. '앞으로 저 회사와 거래하게 될지도 모른다'라는 가설을 세워 예재(백지)로 준비할 수 있다.

예재 관리를 하는 한편, 고객과의 만남을 이어가면서 정보를 수집하고 반복적으로 검증하는 것이 중요하다.

제8장

시간 단위가 아니라 성과 단위로 생각하라

영업의 생산성

1

생산성을 높이는
순서가 있다

영업 생산성의 의미

생산성의 진짜 의미

현장에서 컨설팅할 때는 물론, 최근 들어 여기저기서 '생산성'이라는 키워드를 자주 접한다. '장시간 노동을 지양하고 생산성을 높여야 한다', '새로운 발상으로 영업의 생산성을 높여야 한다'라는 의견에는 나도 찬성한다. 나 역시 다양한 방식으로 일할 수 있는 현장을 만들어야 한다고 생각한다. 그러나 생산성을 말하면서도 생산성의 진짜 의미를 아는 사람은 많지 않은 것 같다.

생산성은 '창출한 부가가치와 부가가치를 만드는 데 들인 자산의 비율'을 말한다. 이 비율이 높은 상태를 '생산성이 높다'고 말한다. 생산성을 높이기 위해서는 부가가치를 늘리거나, 투입 자산을 줄이거나, 아니면 두 가지 모두를 만족시켜야 한다.

> · **부가가치를 늘린다**
> 투입 자산을 바꾸지 않고 이익을 늘리거나 혹은 투입 자산을 늘려 부가가치를 높이면 생산성이 높아진다.
> · **투입 자산을 줄인다**
> 현재 매출과 이익 실적에는 변화가 없지만, 투입되는 시간과 노력을 줄이면 생산성이 높아진다. 이미 기대한 만큼의 부가가치를 창출하는 기업이라면 시간과 노력을 줄여 생산성을 높일 수 있다.

충분한 자산을 투입하지 않은 상태에서 '삭감'을 생각한다면 생산성의 의미를 제대로 이해하지 못한 것이다.

충분한 부가가치를 창출하고 있을 때는 투입 자산을 줄여도 된다. 그런데 투입 자산을 줄여 이익을 높이는 것은 쉬운 일이 아니다. 이미 조직이 원하는 이익을 얻고 있어야만 노동시간을 줄일 수 있다. 결과를 내지 못하는 기업에서 시간과 돈, 노력이라는 자산을 줄여서는 생산성을 높일 수 없다.

생산성을 향상시키는 순서

회사마다 일하는 방식이 다르다. 야근이 없는 회사가 있는가 하면 바쁠 때만 야근하는 회사, 매일 야근하는 회사, 휴일 근무가 당연한 회사도 있다.

목표를 달성하는 데 필요한 최소한의 시간이 있다. 예를 들어 사회보험노무사 자격을 취득하기 위해서는 약 1,000시간의 공부 시간이 필요하다고 한다. 그러나 개인차가 있어서 800시간 만에 합격하는 사람이 있는가 하면 1,300시간이 걸리는 사람도 있다. 노무사 자격을 갖고 싶어 하는 사람들의 목표는 공부 시간 줄이기가 아니라 몇 시간이 걸리더라도 시험에 합격하는 것이다. 합격하지 못하면 자신이 어느 정도 공부해야 합격할 수 있는지 모른다.

모든 일에는 순서가 있다. 기업에 따라서는 현재 사업의 안정화가 최우선이 될지도 모른다. 짧은 시간 안에 효율적으로 성과를 내는 것도 중요하지만, 시간보다 실적에 주목해서 시간이 걸리더라도 일정 기준에 도달해야 한다. 기대한 만큼 이익을 내고 있는지 확인하는 것이 중요하다. 목표를 달성할 때까지는 고객과의 신뢰 자산뿐만 아니라 행동 습관, 사고방식, 도전 정신 등 목표를 달성하기 위한 모든 습관을 익혀야 한다. 기준을 달성한 후에(이익을 얻은 후에) 어떤 점이 비효율적이었는지를 생각하는 것이 올바른 순서다.

효율화보다 최적화를 생각한다

많은 기업이 업무 효율화를 내세워 장시간 노동을 줄이려고 한다. 다만 효율화는 전략이 아니다.

효율화라는 말은 '삭감하다', '줄이다'라는 의미로 사용되기 쉽다. 근무 환경을 정비하기 위해 근무시간을 줄이는 방법도 필요하지만, 생산성 향상은 '줄이다'와 '늘리다(증가하다)'를 하나로 묶어 생각해야 한다.

예를 들어 영업사원이 필드 타임에 일하는 방법을 재검토할 때는 야근을 줄이는 방법과 더불어 신뢰 관계를 돈독하게 만드는 아이디어도 모아야 한다. 근무시간을 줄인다는 이유로 신뢰 자산이 되는 접촉 횟수까지 줄이면 오히려 생산성이 줄어들게 된다. 따라서 효율화보다 최적화(주어진 조건 안에서 최대의 성과 내기)를 먼저 생각해야 한다.

2

영업에서 가장
중요한 기술

시간 관리

시간 단위가 아니라 성과 단위로 생각한다

"영업에서 가장 중요한 기술은 무엇인가요?"라는 질문을 받으면
나는 망설임 없이 시간 관리 기술이라고 답한다. 영업 서적 베스
트셀러 작가, 천재 영업사원, 일반 기업에서 실적 상위권을 차지하
고 있는 영업사원들도 모두 같은 생각일 것이다.

꾸물꾸물, 느릿느릿, 우물쭈물하는 영업사원의 실적이 좋을 리

없다. 시간을 확실하게 관리하고 야근, 휴일 근무와 같은 시간외노동을 최소한으로 한다. 건강하고 정력적인 마음가짐이 고객을 끌어들인다.

시간외노동은 야구의 연장전이다

시간외노동을 야구에 비유하면 연장전이다. 야근, 휴일 근무가 자연스러워진 사람은 9회 안에 승부를 내지 못해 언제나 연장전을 염두에 두고 경기를 하는 선수와 같다. 그런 생각으로 시합에 나가면 "이길 생각이 없는 게 아닐까?"라는 소리를 들을 수 있다.

무슨 일이 있어도 시간외노동은 하지 않는다. 즉 무조건 9회 안에 승부를 내겠다는 마음가짐으로 일을 할 것인가, 아니면 시간외노동을 전제로 업무량을 조절할 것인가에 따라 시간 관리의 방식이 달라진다.

영업으로 성과를 내고 싶다면 연장전(시간외노동)을 예상한 계획은 세우지 말아야 한다. 야근을 전제로 업무 계획을 세우면 30분 혹은 한 시간 정도의 야근은 줄일 수 있어도 워크 라이프 밸런스 실현 같은 극적인 변화는 기대하기 어렵다.

시간 단위와 성과 단위

만약 매일 밤 9시, 10시까지 일하던 사람이 정시에 일을 마치기 위해서는 '시간 단위'가 아닌 '성과 단위' 혹은 '해야 할 일 단위'로 업무를 진행해야 한다.

예를 들어 한 달 단위로 업무를 생각하면, 자신이 내야 할 '성과'에서 역으로 계산해 행동 계획을 세운다. 그리고 시간과 사람 등의 자원을 배분하는 데 얼마만큼의 시간이 필요한지 생각한다.

역산 사고는 성과에서 역으로 계산하는 것이다. 아침 10시에 고객과 만날 약속을 했다면 10시까지 도착하기 위해 어떤 교통수단을 이용해야 하는지, 몇 시에 사무실을 나설 것인지, 준비를 언제까지 마쳐야 하는지를 생각한다. '성과'가 먼저이고 '시간'은 그다음이다.

일도 마찬가지다. 올해의 성과는 얼마인가? 거기에서 역으로 계산해 사분기는 어떻게 할 것인가? 월 단위로 계획을 세우고 주간, 일간 단위로 어떤 업무를 처리할지 생각한다.

그런데 영업을 하다 보면 생각지도 못했던 일들이 자주 발생한다. 예상외로 발생한 일들에 그때그때 대처하지 못하면 성과를 낼 수 없다. 야구 시합에 비유하면, 먼저 9회 안에 승부를 내려면 어떻게 해야 좋을지를 생각하고 행동 계획을 세운다(9회 안에 승부를 내면 시간외노동은 없다). 예상외의 일이 벌어졌을 때만 야근을 한다. 주어진 시간 안에 일을 마치기 위해서는 어떻게 해야 하는지 고민하면서 작업의 밀도를 높여야 한다. 작업의 밀도를 높이면 행동의 질이 달라진다.

감각을 논리적으로 검증하는 '스케일 테크닉'

영업에서 성과를 내고 싶다면 '시간이 없다', '바쁘다'라고 말하는 나쁜 습관을 바로 버려야 한다. '논리적'의 반대말은 '감상적'이다. 감상적인 말을 사용한다고 해서 문제가 해결되지는 않는다.

'시간이 없다', '바쁘다'라고 말하는 감각이 사실인지 논리적으로 검증해본다. 주관적인 감각을 객관적인 수치로 바꾸는 '스케일 테크닉' 사용을 추천한다.

예를 들어 제안서 작성 업무가 있다고 하자. 제안서 작성이 익숙하지 않은 상태에서 새로운 제안서를 작성하려 하면 어떻게 써야 할지 몰라 덜컥 걱정이 앞선다. 경험이 많지 않은 상태에서 제안서를 작성하는 데 얼마나 걸릴지 실제로 추측해보자.

'20분? 한 시간? 세 시간? 30분? 5분?'

아직 익숙하지 않은 업무를 처리할 때는 작업 시간을 예상하는 일도 어렵다. 대략 말해보라고 하지만 짐작조차 하기 힘들다. 이쯤에서 작업 시간의 기준을 찾는 방법을 소개한다. 비현실적인 숫자로 시작해 조금씩 현실적인 숫자에 가깝게 만드는 방법이다.

먼저 비현실적인 숫자를 떠올린다. 제안서를 작성하는 데 '1만 년이 걸릴까?'라고 자신에게 물어본다. 심각하게 생각할 필요 없다. 비현실적인 숫자이기 때문에 당연히 대답은 '아니다'이다. 처음부터 현실에 가까운 가설을 세우면 부담스러울 수 있다. 힘을 빼고 편안하게 생각하면서 헛웃음이 나올 정도의 가설을 세운다. 마음의 여유를 중요하게 여기면서 조금씩 현실에 다가간다.

1,000년, 100년, 10년, 1년, 1개월, 1주일, 1일… 한 번에 현실적인 가설에 가까워진다. 1일 다음은 한나절.

비현실적인 가설을 세울 때는 머리로 생각할 필요 없다. 그러나 현실에 가까워질수록 조금씩 생각할 시간이 필요해지므로 가설을 내놓는 속도가 느려진다.

'한나절 정도 걸릴까… 제안서를 작성하는 데 한나절이나 걸릴까? 아니, 한나절은 안 걸릴 거야.'

이런 식이다. 더욱 가설에 가까워진다.

'네 시간…? 세 시간 반…? 세 시간…?'

'세 시간이라, 그래 세 시간 정도는 걸릴지 몰라….'

이처럼 감각의 수치를 숫자로 변환하는 것을 스케일 테크닉이라고 한다. 이때는 정확한지 아닌지보다 객관적인 시점으로 자신의 감각을 재발견하는 과정이 중요하다.

이렇게 머릿속을 정리하면 기분도 한결 가벼워진다.

'오늘은 오후 4시까지 외근을 한 후 사무실에 돌아와 절반 정도 해놓자. 내일도 비슷하게 진행하면 이틀 안에 끝나겠어.'

이런 식으로 생각하면 대성공이다. 하고 싶지 않은 자료 작성, 귀찮은 고객 전화, 피곤한 날의 메일 업무 처리 등 부담스럽게 느껴지는 작업도 스케일 테크닉을 이용해 작업 시간을 예상하면 의외로 처리 시간이 짧아져서 '해야 할 일'의 무게도 조금은 가벼워진다.

또한, 실제로 걸린 시간을 검증하는 작업도 중요하다. 세 시간 안에 끝낼 수 있다고 예상한 제안서 작성 업무가 실제로는 네 시간 반 걸렸다면, 다음번 제안서를 작성하는 데 참고하면 된다. 가설의 정밀도가 높아진다. 가설을 세우고 검증을 반복하면 시간 관리의 정밀도가 점점 높아진다.

3

거래처 상황에
자신의 스케줄을 맞춰라

스케줄 관리

하루의 스케줄은 고객과의
접촉 가능 시간대에서 결정한다

고객 우선을 내세우면서 실제로는 자기 회사를 우선으로 하는 회사들이 많다. 예를 들어 오랜 시간 동안 영업 회의를 하는 회사가 정말로 고객을 최우선으로 생각한다고 할 수 있을까?

중요한 내용이기 때문에 여러 번 반복해서 이야기하지만, 영업은 고객의 이익을 지원하고 정당한 대가를 받는 일이다. 회의하고 메일을 처리하는 시간보다 고객을 위해 사용하는 시간을 우선시해야 한다. 사무 업무나 회의 일정을 정하고 나서 남는 시간에 고객을 찾아가는 영업사원이 있다. 이것은 주객이 전도된 상황이다. 자기중심, 회사 중심으로 시간을 사용하는 것이다.

공장 같은 생산 현장에서는 가동률과 가동 시간을 엄격하게 관리한다. 반면 영업 현장은 영업사원 마음대로 스케줄을 조정하기 때문에 작업 효율이 낮은 경향이 있다. 스케줄을 정할 때는 먼저 몇 시부터 몇 시까지 고객을 만날 것인지를 생각한다. 개인에게 맡기지 말고 조직에서 결정해야 업무에 대한 부담감도 줄어든다.

예전에 "시간이 될 때마다 (거래처) 병원을 찾아가고 있어요."라고 말하는 의료업계 영업사원을 만난 적이 있다. 그 사람은 언제나 사전 약속 없이 병원을 찾아갔다고 했다. 접수처 직원이 "선생님께서 지금 진찰 중이셔서 만나실 수 없으세요."라고 말하면 "그럼, 대기실에서 기다리겠습니다."라고 한 후 신문이나 잡지를 보며 한두 시간씩 기다렸다고 한다. 이 영업사원은 목표를 달성한 적이 없다고 했는데, 당연한 결과다. 자신의 상황에 맞춰 고객을 찾아가는 한 신뢰 관계를 구축할 수 없다. 고객이 의사라면 외래 시간을 제외하고 의사가 원하는 시간에 맞춰 방문하는 등 상대방의 상황에 맞춰 약속을 정해야 한다. 고객과 만날 수 있는 시간대를 확인한 후 하루의 스케줄을 결정하는 것이다.

무슨 요일, 어느 정도의 시간대라면 고객과 만날 수 있는지, 언제 통화할 수 있는지 등을 항상 알고 있으면 고객에게 '이 영업사원은 센스가 있네'라는 인상을 줄 수 있다.

이미 관계를 구축한 고객이라면 이해해 줄지도 모른다. 그러나 신규 고객이라면 상대방에 대해 충분히 알아보고 고객이 '이 시간에 찾아오는 건 곤란해', '바쁠 때 전화 좀 안 했으면'이라는 생각을 하지 않도록 최대한 주의를 기울여야 한다.

아직 관계가 형성되어 있지 않은 고객의 상황에 맞춰 약속을 정할 수 있도록 역으로 계산해 하루의 스케줄을 결정한다.

4

확인하자마자 바로
답장하지 않는다

메일 관리

생산성을 높이는 메일 사용법

영업 생산성은 메일을 처리하는 방식을 바꾸기만 해도 크게 달라진다. 메일 사용법으로 생산성을 높이는 포인트는 다음의 두 가지다.

① 고객의 문의 메일을 받았을 때는 답장만 보내지 않는다

어느 정도 관계가 구축된 고객이라면 만나서 설명하지 않아도 메일이나 전화로 업무를 처리할 수 있다. 그러나 관계가 구축되어 있지 않은 단계에서 메일만 보내면 다음과 같은 일이 일어날 가능성이 있다.

- **대화가 제대로 이뤄지지 않았을 때 수정 작업에 많은 시간이 필요하다**
  메일은 오해를 불러일으키기 쉽다. 그 이유는 다음과 같다.
  '비언어 정보(표정, 목소리 톤, 몸짓, 손짓)가 없다.'
  '설명이 부족할 수 있다.'
  '다른 의미로 받아들일 수 있다.'

한번 관계가 틀어지기 시작하면 메일만으로 이견을 조율하는 데(오해를 풀고 의견을 맞추는 데) 많은 시간이 걸린다. 고객의 문의 메일을 받았을 때는 답장을 보낸 후 직접 전화를 걸어 부족한 설명을 보충하는 방법이 가장 좋다.

'오전 9시에 메일이 왔다. 바로 답장을 보냈더니 10시에 다시 메일이 왔다. 다시 답장을 보냈더니 오후 1시에 세 번째 메일이 왔다. 바로 답장을 했더니…' 이런 식으로 메일을 여러 차례 주고받을 바에는 메일을 확인한 오전 9시에 바로 전화를 거는 편이 효율적이다.

· 고객이 빠른 답변을 원하게 된다

'고객으로부터 메일을 받았을 때는 바로 답장을 하는 편이 좋다'고 생각해 메일을 받은 순간 바로 답장을 보내는 영업사원이 있다. 10년 이상 비즈니스 메일 실태 조사를 하고 있는 비즈니스 메일협회에 따르면 '24시간 이내 답변'이 비즈니스 메일의 매너라고 한다. 24시간 이내라면 곧바로 답장을 보내지 않아도 상대방은 답장이 늦는다고 생각하지 않는다.

그런데 매번 빠르게 답장을 하다 보면 고객은 자연스럽게 빠른 답장을 기대하게 된다. 그러면 외근 등의 이유로 곧바로 답장을 보내지 못했을 때 '답장이 왜 이렇게 늦어'라며 불만을 느낄 수 있다. 또한 메일을 확인할 때마다 답장을 쓰다 보면 업무 흐름도 나빠진다. 이것은 자동차를 운전할 때 가다 서다를 반복하는 것과 같다. 좀처럼 목적지에 도착하지 못하고 효율만 떨어진다.

② 메일 답장 시간은 '오후'로 정해라

생산성을 높이기 위해서는 비슷한 종류의 작업끼리 하나씩 처리하는 일 처리 방식(싱글태스킹)이 필요하다. 다양한 작업을 동시에 진행하는 멀티태스킹은 생산성을 떨어뜨린다. 견적서를 작성하면서 메일을 처리하고, 견적서를 다 작성한 후에는 다시 메일을 처리하고, 회의를 하고, 통화를 하고, 제안서를 쓰면서 메일을 처리하고… 이렇게 '하면서 작업'하는 방식으로는 일을 진행할 수 없다. 하나의 업무를 마치고(마칠 때까지 다른 작업을 하지 않는다) 다음 업무를 진행해야 생산성이 높아진다.

오전 시간에 메일을 확인하는 것은 추천하지 않는다. 아침에 메일을 확인하면 '답장을 보내야 하는데', '고객으로부터 다양한 요청 사항이 들어왔는데'와 같이 하루 종일 메일 내용이 머릿속에서 떠나지 않아 업무의 리듬이 무너진다.

앞서 이야기했듯이 메일을 받았을 때 바로 답장하지 말고, 예를 들어 '메일 확인·답장은 매일 오후 4시부터'라고 정해둔다. 거래처에서 돌아와 정해진 시간에 메일을 처리하고 답장을 보낸다. 그렇게 하면 고객도 '이 영업사원은 오후 4시 이후에 반드시 답장을 준다'라고 생각하기 때문에 그만큼 믿음이 쌓이게 된다.

5

인원을 늘린다고 생산성이 오르는 것은 아니다

영업 지원 사무원과의 역할 분담

영업 지원 사무원을 대하는 법

영업 지원 사무원의 도움을 받으면 영업사원의 생산성이 눈에 띄게 상승한다. 영업 지원 사무원이 있어도 '내가 하는 편이 빨라'라며 일을 맡기지 않는 사람이 있는데, 그렇게 해서는 영업 지원 사무원을 성장시킬 수 없다.

영업사원은 모든 사람과 올바른 관계를 구축해야 하며, 주도권을 갖고 상대(고객이든 후배든 선배든 영업 지원 사무원이든)를 움직일 줄 알아야 한다. 그래야 상대방도 기분 좋게 업무에 협조하고, 고객도 가까운 지인을 소개하고 싶어진다.

이러한 관계 구축은 영업 지원 사무원에게도 똑같이 적용된다. 게으른 사람이 아니라면 일을 맡겨야 한다. 영업 지원 사무원도 자신의 도움으로 영업사원의 실적이 올라가고 자신에 대한 평가도 좋아지길 바란다. '내가 하는 편이 빨라'라는 생각으로 영업 지원 사무원에게 일을 맡기지 않는 것은 잘못된 생각이다.

영업 지원 사무원은 다양한 경험을 통해 업무의 질과 속도를 높인다. 영업 지원 사무원이 즐겁게 일할 수 있는 분위기를 만들어 적극적으로 업무를 부탁해보자. 부탁한 일이 영업 활동에 어떤 역할을 담당하는지 자세한 설명을 덧붙이는 것도 좋다. 설명을 하다 보면 정말로 필요한 일인지 영업사원 스스로 깨닫는 계기가 되기도 한다.

영업 지원 사무원과 생산성

앞에서 이야기했듯이 시간외노동은 하지 않는다(반드시 9회 안에 끝낸다)는 생각으로 행동 계획을 세웠지만, 모든 일을 근무시간 안에 처리하지 못할 때가 있다. 그럴 때는 상사나 타 부서 사람을 통해 인원 충원이 필요하다는 사실을 검증한 후에 영업 지원 사무원을 채용한다.

생산성은 '창출한 부가가치와 부가가치를 만드는 데 들인 자산의 비율'이다. 영업 지원 사무원을 채용하면 그만큼 조직의 근로 시간과 인건비가 늘어난다. 투입한 자산을 웃돌 정도의 부가가치를 창출했을 때 비로소 영업의 생산성이 올랐다고 할 수 있다. '영업 지원 사무원 채용=영업의 생산성 상승'이 아니라는 사실을 기억하길 바란다.

생산성은 정확한 효과를 측정해야 한다. 좋지 않은 사례는 영업 지원 사무원이 있음에도 불구하고 영업사원이 외근을 나가지 않는다거나, 영업사원이 영업 지원 사무원에게 업무를 부탁하지 않는 등 작업량과 노동량의 변화 없이 조직의 인원만 늘어난 경우다.

영업 지원 사무원을 채용해 생산성을 높이고 싶다면 먼저 영업사원이 외근 나가는 시간을 정해야 한다. 예를 들어 '오전 10시부터 오후 5시까지는 필드 타임, 사내에서 사무 업무를 처리하는 시간은 오전 9시부터 10시까지, 복귀 후 오후 5시부터 6시까지' 같은 규칙을 정한다. 그리고 영업사원 전원이 규칙을 지킨다는 전제하에서도 업무가 줄지 않았을 때 영업 지원 사무원을 채용한다.

영업 지원 사무원에게 맡기는 일

영업 지원 사무원의 업무는 다양하다. 컴퓨터가 고성능화된 요즘에는 단순한 사무 대행이 영업 지원 사무원의 업무가 아니다.

고객의 과제를 바탕으로 제안서를 작성하거나 SFA와 CRM의 매개변수 설계, 이후에 설명할 '인사이드 세일즈'까지 폭넓은 범위의 업무를 담당하는 탁월한 영업 지원 사무원도 있다. 여기서 일반적인 영업 지원 사무원의 업무를 살펴보자.

- 사무 대행
- 스케줄 관리
- 전화 응대
- 견적서, 제안서 작성
- 수주, 발주 데이터 입력
- 사내 문서 작성
- 명함 정보 등록, 관리
- 클레임 대응
- 고객과 직접 대응하는 일 이외 전반

영업 지원 사무원은 주어진 업무만을 매뉴얼대로 처리하는 일

외에도 어떻게 하면 영업사원이 영업 활동에 집중할 수 있을지 스스로 생각해서 행동해야 한다. 앞으로의 영업 지원 사무원은 타 부서와의 조율 및 교섭 같은 로봇이나 AI가 대체할 수 없는 일을 담당하게 될 것이다.

영업사원과 마찬가지로 영업 지원 사무원은 기다리는 자세로 일해서는 안 된다. 영업사원은 고객과의 관계 구축과 실시간으로 바뀌는 거래 상담 업무에 집중해야 한다. 매일 예상하지 못했던 일들이 수시로 발생하기 때문에 영업 지원 사무원은 영업사원 이상으로 전체를 볼 줄 알아야 한다.

또한 다음과 같은 객관적인 시점이 필요하다.

"A사의 상무가 그저께 납입한 제품에 관해 문의했는데, 답변하셨어요? 바쁘시면 제가 전화할까요?"

"총무팀에서 요청한 실적 관리 보고서는 작성하셨어요? 기한을 조금 연장해달라고 요청해볼까요?"

"SFA에 이번 상담에 출석하는 인원이 세 명이라고 적혀 있어서 제안서도 3부씩 준비했습니다."

영업 지원 사무원은 지시가 없다고 해서 가만히 있어서는 안 된다. 영업사원의 업무를 지원하는 SFA나 CRM의 고도화된 기능을 활용하여 별다른 지시가 없어도 능동적이고 적극적으로 일해야 한다.

영업사원이 연예인이라면 영업 지원 사무원은 연예인을 도와주는 매니저다. 영업사원은 영업 지원 사무원이 즐겁게 일할 수 있도록 평상시에 격려의 말을 전하는 등 신뢰 관계를 돈독히 해야 한다.

6

전화와 메일만으로
영업하는 법

인사이드 세일즈

인사이드 세일즈란?

고객이 있는 곳으로 직접 찾아가지 않고 전화나 메일, 인터넷 화
상 회의 앱 등을 사용하는 영업 활동을 '인사이드 세일즈'라고 한
다. '전화 세일즈'라 불리는 내근형 전화 영업과 언뜻 비슷해 보이
지만 다르다.

전화 세일즈는 컴퓨터 기반 통신 통합시스템Computer Telephony

Integration, CTI 기능을 이용해 하루에 100~200통 정도 전화를 건 다음 고객이 관심을 보이면 바로 상품을 제안하고 판매한다.

예를 들어 신용카드 회원에게 전화를 걸어 보험 상품을 권유하는 전화 세일즈는 많이 걸다 보면 누군가는 상품을 가입한다. 전화를 걸어 상대방의 니즈가 있는지 없는지 알아내는 방식이기 때문에 전화를 받은 고객이 부정적인 반응을 보이는 경우가 많다. 전화를 거는 쪽도 그만큼 스트레스를 받는다.

한편 인사이드 세일즈는 전화 세일즈에 비해 더욱 똑똑하고 현대적이다. 218쪽의 MLM 부분에서도 소개한 마케팅 부서가 고객

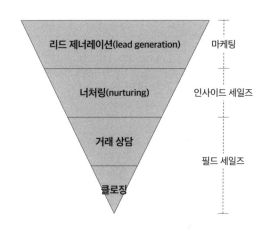

인사이드 세일즈부터 필드 세일즈로의 흐름

리드 제너레이션(lead generation) — 마케팅

너처링(nurturing) — 인사이드 세일즈

거래 상담 — 필드 세일즈

클로징

전략을 기반으로 예상 구매자를 찾는다. 웹사이트, 이벤트, 광고를 통해 고객 목록을 입수해 SFA와 MA(마케팅 자동화)의 고객 데이터베이스로 만드는 과정을 '리드 제너레이션lead generation'이라고 한다(81쪽에서 소개한 씨 뿌리기와 같다).

이후 물 주기(81쪽 참조)와 같은 의미로 예상 고객을 육성하는 과정을 '너처링nurturing'이라 부르며, 처음에는 관심을 보이지 않던 고객과 계약을 성사시키기 위해 전화나 메일을 보낸다.

이 과정은 인사이드 세일즈가 담당한다. 전화를 걸어 상품을 소개하고 상대방이 관심을 보이면 판매까지 연결하는 것이 전화 세일즈, 전화를 걸어 상품을 소개하고 상대방이 관심을 보이면 실제 영업(필드 세일즈)으로 넘기는 것이 전화 예약이다. 인사이드 세일즈는 너처링 과정을 담당한다는 점에서 전화 세일즈나 전화 예약과 크게 다르다.

인사이드 세일즈와 필드 세일즈

예상 구매자를 얻는 과정에서 너처링을 진행해 그대로 인사이드 세일즈가 계약까지 담당하는 경우도 있다. 한편 예약 후 실제 방문 영업(필드 세일즈)으로 처리할 때도 있다.

실제로 얼굴을 보며 여러 차례 만나야 하는 상품을 판매할 경우

후자의 영업 방식이 필요하다. 전화나 메일로 영업 활동을 마무리할 수 없다. 이때 인사이드 세일즈와 필드 세일즈가 긴밀하게 협력해야 하는데, 이 부분이 전화 예약과 다른 점이다. 인사이드 세일즈는 필드 세일즈에 다음과 같이 전달해서는 안 된다.

"약속을 잡았으니 F인쇄의 제조팀 부장과 미팅 진행 부탁드립니다."

다음과 같은 내용 정보를 필드 세일즈에 반드시 전달해야 한다.

"F인쇄의 기획팀 부장이 당사의 세일즈 이벤트에 참가했던 시기는 지난달 4일입니다. 이후 기획팀 과장과 여러 차례 전화를 주고받으며 당사 상품 W에 관심을 갖게 되었고, 경쟁업체의 상품 도입을 검토 중이라고 합니다. 핵심 인물은 제조팀 부장으로, 세 차례 전화를 주고받았습니다. 당사의 상무와 같은 대학 출신이고 취미가 낚시인 점도 같습니다. 다음 주 수요일에 약속을 잡았습니다. 상무와 함께 미팅을 진행해주시기 바랍니다. 제안서와 간략한 견적서는 메일로 보내두었습니다."

이럴 때는 고객접점이력을 기록하는 SFA을 이용하면 더욱 효과적이다. 다음 장에서 SFA에 대해 자세하게 설명할 예정이다.

(※SFA와 MA의 판매사는 유럽과 미국의 영향을 받았기 때문에 일반 기업에서는 생소한 용어를 사용하는 경우가 많다. 관련 서적에도 '리드(예상 구매자)', '너처링(예상 구매자 육성)'이라는 용어가 빈번하게 나온다. 이 책에서도 그 용어를 그대로 사용했다.)

제9장

SFA 도입을
적극 고려하라

영업 관리
시스템(SFA)

1

목표 달성을 위해
조직 전체가 움직인다

SFA의 필요성

영업직의 개인성

영업의 생산성을 높이기 위해 SFA 혹은 CRM(일반적으로 SFA는 CRM 카테고리의 일부로 인식한다) 시스템을 도입하거나 혹은 도입을 검토하는 기업이 많다.

영업은 제조업과는 다른 특수한 직종이다. 이러한 사실을 전제하지 않으면 SFA가 필요한 이유와 SFA를 도입했지만 생산성이

- SFA(Sales Force Automation)

  영업 관리 시스템. 영업 활동 동향을 시스템상에서 확인할 수 있게 하여 영업사원의 행동을 최적화한다.

- CRM(Customer Relationship Management)

  고객 관계 관리. 고객 정보를 일원화하여 관리함으로써 고객과의 신뢰 관계를 구축한다.

오르지 않는 이유를 이해할 수 없다.

영업은 개인의 재량에 맡겨지는 경우가 많고, 어깨너머로 배우는 관습이 오랫동안 상식으로 여겨져왔던 직종이다.

'어떤 영업 기술을 손에 넣어야 하는가?', '어떻게 행동해야 하는가?', '어떤 고객에게, 어떤 상품을, 어떤 방식으로 제안해야 하는가?' 같은 구체적인 방식(영업 방법)은 지금도 대부분 개인에게 맡겨진다.

한편 생산 부문·생산 라인에서는 개인의 업무 수행 방식을 인정하지 않는다. 기본 동작까지 매뉴얼로 지정되어 있어 그대로 실천해야 한다. 고객에게 균일한 서비스(제품)를 제공하기 위해서다.

제품을 만들 때는 품질quality, 비용cost, 배송delivery이 균일하고 안정적이어야 한다. 그래서 업무 방식과 순서에 관한 '형식(매뉴얼)'이 있고, '이런 방식, 이런 순서로 이런 제품을 만든다'라는 규칙이 엄격하게 정해져 있다.

그러나 영업에는 형식이 없고, 조직 내에서 통일화, 균일화되어 있지 않다. '영업은 영업사원의 인간적인 매력에서 결정된다', '성과만 낼 수 있다면 어떤 방식을 사용해도 좋다', '나만의 매뉴얼만 있으면 되고, 다른 사람에게 공유할 필요는 없다'라고 생각하는 영업사원도 많다.

스포츠도 데이터를 활용하는 시대

그런데 시대가 달라졌다. 영업 관련 도서만 보더라도 1998년부터 SFA 관련 책이 출간되었다. 영업의 힘을 높이는 프로세스 관리, 고객 유지 시스템, 데이터 분석에 관한 책이다. 데이터를 기반으로 영업의 성과를 최대치로 끌어올린다는 발상은 스포츠의 세계와 비슷하다.

불확실성 높은 요소가 매우 많은 스포츠는 단체 운동이라 하더라도 선수 개인의 능력에 의존하는 경향이 컸다. 그러나 지금은 상대 팀 데이터를 분석하고 상황에 따라 전략을 바꿔가며 승리의 가능성을 높인다.

2011년 베스트셀러를 영화화한 브래드 피트 주연의 영화 〈머니볼〉이 있다. 이 영화는 오클랜드 애슬레틱스의 당시 총괄 매니저 빌리 빈이 세이버메트릭스sabermetrics (야구를 통계학적, 수학적으로 분석하는 방법론)를 활용해, 고액 연봉의 거대 구단을 상대로도 절대 뒤지지 않는 저예산 야구팀을 만든 이야기다. 일반적으로 타점, 타율, 도루를 중요하게 생각하지만 빌리 빈은 출루율, 장타율, 선구안 데이터를 활용해 해당 수치가 높은 선수를 선발했다. 예산이 부족해도 데이터를 활용하면 강한 팀을 만들 수 있다.

이 사례는 강한 영업 조직을 만드는 데 좋은 참고가 된다. 대인 관계 능력과 대화 기술이 부족한 영업사원들로만 구성되어 있어도 SFA와 CRM의 데이터를 활용하면 좋은 성과를 올릴 수 있다.

공통의 목적을 갖고
서로 협력하며 정보를 공유한다

예를 들어 고객과 만난 횟수, 견적서 제출 횟수, 거래 상담에 걸린 시간, 계약이 성사될 때까지 필요했던 통화 횟수, 평균 상담 시간, 평균 이동 시간 등을 영업 실적과 대조해 통계적으로 분석할 수 있다.

영업 매니지먼트를 할 때도 감상적으로 '잘하고 있는가, 그렇지 않은가'로 단정 짓는 것이 아니라, 실적 좋은 영업사원의 상담 평균 수주액이 높은가, 첫 만남 이후 첫 번째 메일을 보내기까지의 시간이 짧은가, 결재권자와 상담을 진행할 때는 상사와 함께 가는 비율이 높은가 등의 패턴 분석을 실시한다.

매니저의 느낌만으로 판단을 내리면 대부분 말투, 제안서 작성 방법, 배려심에 집중하게 된다. 그러나 앞에서 이야기한 대로 말주변 없는 영업사원이나 배려심이 없는 사람이 성과를 내는 경우도 많다.

영업 프로세스를 관리하고 실시간으로 조언해주면 주관적인 판단에 따른 기회손실을 줄일 수 있다.

- 상담이 이런 상황으로 흘러가면 다음은 이렇게 한다.
- 고객이 이렇게 말할 때는 회사 엔지니어에게 의견을 구한다.
- 혼자서 상대할 수 없는 고객을 만날 때는 자신의 상사와 동행한다.

이러한 규칙을 정한다. 규칙과 조건을 정한 후 영업 관리 시스템을 사용하면 상담 진행 상황에 따라 SFA가 대응책(다음에 영업사원이 어떻게 해야 하는지)을 알려준다.

SFA에는 푸시 기능, 경고 기능이 탑재되어 있어 '다음은 이렇게 하세요', '이때까지 메일을 보내세요', '다음 약속 일정을 이 칸에 입력하세요'라는 지시가 화면에 표시되며, 그때마다 알림 메일이 오기 때문에 상담을 놓치는 일 없이 처리할 수 있다.

SFA와 CRM

SFA

- 스케줄 공유
- 일일 보고
- 영업사원의 행동 내역
- 정보 공유
- 실적 합계
- 프로세스 관리

CRM

- 기업, 거래 정보
- 고객 담당자 정보
- 영업사원의 접촉 내역
- 안건 관리
- 고객별 매출 관리
- 주소 정보

영업 관리 시스템

영업 활동 내용을
시스템에서 확인할 수 있어 영
업사원의
행동이 최적화된다

DB

고객 관계 관리

고객 정보를 일원화하여
관리할 수 있기 때문에
회사와 고객의
신뢰 관계가 구축된다

2

높은 성과를 가져다주는
기간 시스템

SFA의 장단점

프런트 오피스의 사고방식

SFA는 기업에 높은 성과를 가져다주는 시스템이다. 나는 지금까지 수많은 SFA 판매사와 함께 세미나를 개최해왔다. 세미나 참가자에게 매번 이렇게 말한다.

"SFA는 꼭 사용해야 하는 프로그램입니다. 필요한가, 필요하지 않은가를 논의할 필요도 없습니다. 왜냐하면 필요하지 않을 이유가 없기 때문입니다."

SFA가 필요한 이유는 기업의 기간 시스템이기 때문이다. 많은 경영자들이 ERP를 기업의 기간 시스템이라고 생각한다. ERP Enterprise Resource Planning (전사적 자원 관리)는 총무, 회계, 인사, 생산, 판매 등 기업 내에 흩어져 있는 정보를 통합해서 관리하는 시스템이다. 구체적으로는 생산, 구매, 재고, 회계, 인사·급여, 판매 부문 단위의 데이터를 데이터베이스로 정리해 일원화하여 관리한다. ERP는 부문별로 구축·운용하던 업무 시스템을 통합한 시스템으로서 기본적으로 백 오피스 기능을 담당한다.

한편 SFA는 고객 매니지먼트를 위해 도입한 시스템으로 프런트 오피스 기능을 담당한다. ERP는 대부분의 기업에서 도입하고 있지만, SFA를 사용하고 있는 회사는 절반도 채 되지 않는다(도입했어도 활용하지 못하는 기업이 많다). 자동차로 비유하면 SFA와 ERP는 바퀴를 담당하는데, 둘 중 하나만 선택해야 한다면 나는 백 오피스의 ERP가 아닌 프런트 오피스의 SFA나 CRM을 기간 시스템으로 선택할 것이다. 왜냐하면 사업은 고객에 의해 성립되기 때문이다. 직원들에 의해 사업이 성립되는 것이 아니다. 사업에서는 고객으로부터 얻는 이익이 가장 중요하다.

그렇게 생각하면 고객의 데이터베이스를 중심으로 만든 정보시스템이 얼마나 중요한지 알 수 있다.

데이터베이스 관리

'어떤 사원이 얼마나 일하고 있는가?', '회사의 고정자산은 어디에 있고, 어떻게 관리되고 있는가?' 등 사내 자산을 관리하기 위해서는 ERP가 필요하다. 그러나 고객이 없으면 사내 자산을 관리할 필요가 없다.

고객 정보를 관리하는 시스템 없이 단순히 영업사원의 머릿속에서만 관리하는 상태는 매우 위험하다. 고객 정보는 민감하므로 철저한 보안이 필요하다.

앞으로 펼쳐질 시대에는 경영자가 고객과의 접점 및 고객의 데이터베이스를 확실하게 관리하는 프런트 오피스의 사고방식을 가져야 한다.

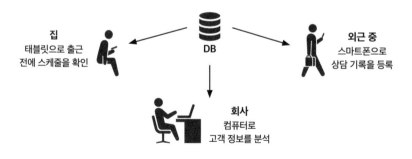

SFA는 기간 시스템

집
태블릿으로 출근
전에 스케줄을 확인

DB

외근 중
스마트폰으로
상담 기록을 등록

회사
컴퓨터로
고객 정보를 분석

기업이 SFA를 도입하지 않는 이유

많은 기업이 SFA의 도입을 꺼린다. SFA의 문제점은 도입하는 조직 쪽에 있다. SFA 판매사의 부족한 설명도 원인 중 하나이지만, 대부분은 조직이 시스템을 제대로 이해하지 못해서 문제가 발생한다.

SFA는 하나의 시스템이다. 시스템이 성과를 가져오는 것은 아니다. SFA를 어떻게 사용할지, 조직이 운용 규칙을 확실히 정해야한다.

예를 들어 공장의 제품 생산이나 사내 부서의 경리 업무에서는 개인의 판단으로 업무를 처리할 수 없다. 사실을 숫자로 특정하고, 어떻게 개선할 것인지를 개인이 아닌 조직에서 결정한다.

그런데 영업은 다르다. 영업은 '모호하지만 어떻게 해서든 되게 만드는' 특성이 있기 때문이다. 영업사원의 재량으로 해결하는 경우가 많다. 예를 들어 'A사에는 7장의 제안서를 전달했지만, B사에는 6장만 보냈다', 'A사와는 첫 만남 이후 3일 만에 두 번째 약속을 잡았다. 한편 B사와는 첫 만남 이후 일주일 만에 두 번째 약속을 잡았다'와 같이 회사마다 달라도 (좋고 나쁨을 떠나) 큰 문제가 생기지 않는다.

상담을 진행하면서 8,000만 원의 견적을 제안했지만, 중간에 상황이 바뀌어 6,800만 원에 계약을 체결하기도 한다. 이렇듯 모호

함과 불확실한 요소들 때문에 많은 경영자가 SFA 도입에 소극적이다. 영업 활동을 정보시스템으로 관리하는 것 자체가 잘못되었다고 생각하는 경영자도 많다. 그런데 최근에는 스포츠 분야처럼 데이터를 활용한 영업 매니지먼트로 성과를 높이는 곳이 많다.

영업 관리 시스템을 도입하는 이유는 영업의 생산성을 높이기 위해서다. 그러나 SFA를 충분히 이해하지 못한 상태에서 도입하면 오히려 노동시간만 늘어나게 된다. 명함 정보나 상담 내용을 자세하게 입력해야 하기 때문이다. SFA는 노동력을 줄이기 위한 시스템이 아니라 성과를 최대치로 끌어올리는 시스템이라는 점을 기억하길 바란다.

극단적으로 말해, SFA를 도입했으나 조직 안에서 성과를 내려는 의지가 없다면 보물을 갖고도 썩히는 것과 마찬가지다. 명함 정보나 상담 내용을 자세하게 남길 수 없다면 기존 영업 방식에 맞춰 노트에 기록하거나 스프레드시트를 사용하는 방법으로도 고객 관리와 프로세스 관리가 가능하다. 실제로 내가 컨설팅을 진행할 때는 SFA 도입을 추천하기도 하지만 반대로 추천하지 않는 경우도 있다.

비용과 수익의 인과관계

컨설턴트 입장에서 SFA 도입을 추천하지 않는 경우는 비용과 수익의 인과관계가 잘 보이지 않을 때다.

SFA를 도입하는 데는 시간과 비용이 든다. 그럼에도 불구하고 투자 비용에 걸맞은 이익과 혜택이 쉽게 보이지 않는다. 지금까지 노트나 스프레드시트로 고객과 상담 관리를 해온 조직은 그러한 업무 방식에 익숙해져 있기 때문에 SFA를 도입해도 쉽게 잘 적응한다. 그러나 그런 방식으로 일하지 않았던 영업사원에게는 입력 작업 업무가 새롭게 추가될 뿐이다. SFA는 새로운 작업을 보상할 만큼의 가치가 있지만, 가치를 알기 위해서는 경영자와 영업 조직의 임원들이 강한 리더십을 발휘해야 한다.

SFA는 대체로 투자 대비 효과가 낮다. SFA를 도입하지 않으면 할 수 없는 업무·분석이 많은 한편 SFA를 충분히 활용하는 데 필요한 노력과 시간(시행착오를 거치는 과정을 포함), 발생 비용이 크기 때문이다.

앞서 소개했던 세이버메트릭스를 메이저리그의 모든 팀에서 활용하지 않은 이유는 시스템 도입뿐만 아니라 데이터를 활용한 팀의 편성, 드래프트, 선수 육성, 전략 계획 등 전체를 보는 넓은 시각으로 의사결정을 내려야 하기 때문이다. 오클랜드 애슬레틱스의 빌리 빈 총괄 매니저 같은 강한 리더십을 발휘하는 사람이 없으면 조직 문화를 바꿀 수 없다. 교통비 정산 시스템을 도입하는 것과는 다른 문제이기 때문이다.

입력 작업에 드는 시간

SFA를 도입하면 어떤 작업이 추가로 발생할까?

먼저 명함을 입력하는 작업이다. 기술이 발전하면서 명함 정보를 입력하는 작업은 편리해졌다. 그러나 시간이 걸리는 작업이라는 사실에는 변함이 없다. 고객의 데이터베이스가 늘어나면 정리에 필요한 인명 관리 작업(복수의 데이터베이스 안에서 이름, 주소, 전화번호 등의 정보를 단서로 동일 인물과 회사를 정리하는 작업) 등의 업무 스트레스와 작업 시간이 눈에 띄게 증가한다. 고객의 회사나 부서명이 바뀌거나 소속 부서, 직위, 주소, 전화번호 등 고정 정보가 바뀌면 수시로 변경해야 한다.

고객 개인에 관련된 정보, 예를 들어 어디에 관심이 있는지, 자산은 얼마나 되는지, 학력, 취미, 가족관계 등은 앞에서 소개한 가벼운 대화 기술을 향상시키는 데 도움이 된다. 인수인계할 때 많은 도움이 되므로 자세하게 입력해두면 좋다.

상담에 관련된 정보와 상황은 끊임없이 바뀐다. 회사나 개인에 관련된 정보와는 비교할 수 없을 정도로 자주 확인해야 한다.

데이터 입력 작업은 기본적으로 조직 차원에서 철저하게 관리해야 한다. 데이터를 입력하는 사람이 있고 입력하지 않는 사람이 있으면 정보 공유에 문제가 생겨 SFA의 진가를 발휘할 수 없다. SFA를 활용하기 위해서는 먼저 영업사원 전원이 데이터를 정확하게 입력해야 한다.

SFA의 기본은 영업사원 개인의 매일매일의 활동을 적절한 규칙으로 만드는 것이다. 적절한 영업 활동으로 축적한 데이터를 분석하면 그만큼 강력한 지원군이 없다. 정밀한 PDCA 사이클을 활용할 수 있다.

데이터 축적과 성과는 별개

SFA에 정보를 입력하고 데이터를 축적했다고 해서 성과를 낼 수 있느냐는 나중 문제다. 관리하는 입장(매니저)에서는 '관리'의 일환이지만, 관리를 받는 입장(영업사원)에서는 '감시'로 받아들일 수 있다. 만약 활용하지 않을 데이터를 매일 입력해야 하는 상황이라면 영업사원의 의욕은 저하될 것이다.

SFA 자체가 영업사원의 사기를 떨어뜨리는 것이 아니라 SFA의 설정과 운용 방식이 영업사원의 사기를 떨어뜨린다.

고객으로부터 얻은 결과(데이터)를 입력했으나 '결국 이 데이터는 사용하지 않았어', '들을 필요도, 입력할 필요도 없었어'라고 생각하게 되는 경우가 생기기 때문에 SFA의 매개변수를 그때그때 적절하게 관리하는 것이 중요하다.

　SFA는 모든 업무 방식을 초기화하고 조직을 개혁한다는 마음 가짐으로 도입해야 한다. 데이터 축적이 목적이 되면 안 하느니만 못하다.

3

목적을 가지고
도입하라

SFA의 도입

기존 시스템을 도입한다

나는 히타치제작소에서 근무할 당시 SFA 설계 개발에 참여했고,
이후에도 많은 SFA 판매사들과 함께 일을 해왔기 때문에 중립적
인 입장에서 시스템을 평가할 수 있다고 자신한다.

많은 고객으로부터 "어떤 SFA를 추천하세요?"라는 질문을 받
는다. 그때마다 나는 "어떤 시스템이 좋은지를 따지기 전에 어떤

시스템이 좋지 않은지를 생각해야 합니다."라고 답한다.

　무슨 일이든 전문가에게 맡겨야 한다. SFA는 전문 판매사의 상품을 사용해야 한다. SFA를 직접 만드는 회사들이 있는데, 경험에서 우러나와서 하는 말이지만 결코 추천하지 않는 방법이다. 기존의 SFA에는 이미 많은 기업에서 활용하고 있는 효율적인 기능들이 갖춰져 있기 때문에 기존의 SFA 시스템을 활용하는 편이 좋다.

　회사에 맞춰 시스템을 만드는 것이 아니라 이미 시장에 나와 있는 SFA에 맞춰 영업 방식을 근본적으로 바꿔야 한다. SFA의 도입을 영업 조직 개혁의 계기로 만들기 바란다. 앞서 이야기했듯이 SFA를 도입한다고 해서 업무량이 줄어들지는 않는다.

SFA 판매사에 의해
운용 실적이 좌우되기 쉽다

SFA를 충분히 활용하면 이익률 높은 상담을 계약으로 이어갈 수 있다. 원하는 효과를 얻기 위해서는 SFA를 철저히 관리해야 한다.

　도입 시점에서 SFA는 미완성 상태다. 실제 운용을 시작한 이후부터는 영업 시나리오, 공유해야 할 데이터, 분석을 위한 매개변수를 실시간으로 관리하며 키워가야 한다.

　안정적으로 운용될 때까지는 일정 기간의 시행착오 과정이 필요하다. 그러나 많은 SFA 판매사가 그 사실을 알려주지 않는다. 그중에는 'SFA를 도입하면 바로 영업의 생산성이 향상된다', 'SFA를 운용하면 조직의 목표를 달성할 수 있다' 같은 달콤한 말로 유혹하는 SFA 판매사도 있다.

대부분의 SFA 판매사는 성과를 낼 때까지 함께하지 않는다. 문의를 하면 시스템의 기능에 대해서만 설명하고, 더 자세한 내용에 대해서는 관련 연수나 세미나 참석을 권하는 경우가 많다.

사용하는 기능과 사용하지
않는 기능을 명확히 나눠라

조직으로 영업하기 위해서는 반드시 매니지먼트 규칙이 필요하다. SFA는 조직 영업의 힘을 향상시키는 도구로서 도입을 검토해야 한다. 예전에 SFA 도입 컨설팅을 했을 때, 도입을 검토 중인 고객으로부터 다음과 같은 질문을 자주 받았다.

"이 시스템에는 어떤 기능이 들어 있나요?"

"리포팅 기능에는 어떤 템플릿이 제공되나요?"

SFA에는 수많은 기능이 있다. 기능을 알면 사용하고 싶어진다. '이왕이면 있는 기능을 전부 써봐야지'라는 생각에서다. 이른바 수단의 목적화다.

그러나 수많은 기능을 모두 사용할 수는 없다. 영업의 생산성 향상이 목적이라면 모든 기능을 사용할 것이 아니라 필요한 기능만 사용해야 한다. 그러기 위해서는 매니지먼트 규칙이 필요하다. 철저한 규칙을 만들기 위해 SFA가 존재한다.

심플하게 생각하기

영업의 생산성을 향상시키기 위해서는 무엇보다 '심플하게 생각하기'가 중요하다. 예를 들어 '거래 상담이 어느 단계에 와 있다. 그 단계까지 왔을 때 해야 할 일은 딱 두 가지다'라고 SFA가 알려주면 영업 활동은 단순해진다. 그 두 가지 외의 일은 하지 않아도 되기 때문이다.

한편, 매니지먼트 규칙이 통일되어 있지 않으면 매니저에 따라 지시가 달라진다. 상사, 선배, 동료 등 누구의 지시를 따르냐에 따라 다음에 해야 할 일이 달라진다.

'상담이 이런 단계에 왔다면 3일 안에 두 가지 일만 처리한다', '시스템 지시에 따르지 않을 경우 자동으로 상사에게 보고된다'처럼 조직의 매니지먼트 규칙을 통일해두면 영업 활동이 최적화된다.

영업 생산성을 향상시키기 위해서

SFA를 도입하지 않은 경우

매니지먼트 규칙이 통일되지 않아
사람에 따라 지시가 다르다

상사　선배　동료

누구의 지시를 따르냐에
따라 해야 할 일이 바뀐다

SFA를 도입한 경우

'상담이 어느 단계에 와 있다.
그 단계까지 왔을 때
해야 할 일은 딱 두 가지다'

**SFA가 지시를 내리기 때문에
영업 활동이 단순해진다**

**SFA를 도입하여 매니지먼트 규칙을 통일하면
조직의 영업 활동이 최적화된다**

목적을 가지고 도입하라

영업 활동에서 목표가 중요한 이유를 내가 좋아하는 달리기에 비유해 설명하겠다.

나는 달리기를 할 때마다 스마트폰 달리기 앱을 이용한다. 이 앱은 달리는 속도(1킬로미터를 몇 분에 달렸는가)와 달린 거리(몇 킬로미터를 달렸는가), 경로(어디를 달렸는가)를 자동으로 기록한다. 이 앱 없이는 달리기를 할 수 없을 정도로 내게 중요하고 편리한 시스템이다.

이 앱이 필요한 이유는 달리는 목적과 목표가 있기 때문이다. '한 달에 100킬로미터 달리기', '1킬로미터를 5분 안에 달리기', '가끔은 전력 질주로 4분 안에 달리기'와 같은 목표가 있기 때문에 스마트폰 앱과 GPS 시계가 반드시 필요하다. 도구를 사용하지 않고 그냥 뛰기만 해서는 목표를 달성하고 있는지 확인할 수 없다. 만약 내가 달리는 거리와 속도를 신경 쓰지 않는다면 도구는 필요하지 않다. '오늘은 공원을 세 바퀴 달렸다', '오늘은 공원을 다섯 바퀴 달렸다'라고 노트에 기록하기만 해도 된다.

단순 기록만 한다면
도입하지 않는 편이 낫다

영업 활동도 마찬가지다. 구체적인 목표를 가진 기업이 SFA 시스템을 활용하면 훨씬 효과적으로 관리할 수 있다. 효과를 넘어 나에게 없어서는 안 되는 달리기 앱 같은 존재가 될 것이다. 그러나 목표 달성 의욕이 낮고 단순 기록용으로만 사용한다면 비용을 낭비하는 꼴이 된다. 결국 아무도 사용하지 않는 시스템이 되어버릴 것이다.

'무엇을 위해 시스템을 도입하는가', '시스템을 사용해 영업 생산성을 얼마만큼 향상시킬 것인가'를 명확하게 하지 않은 조직은 시스템 도입을 재검토해야 한다.

SFA를 도입한 후에는

SFA를 도입하면 여러 업무 방식이 바뀐다. 가장 눈에 띄게 바뀌는 것이 바로 회의 방식이다. 회의를 할 때는 반드시 프로젝터를 사용한다. SFA를 프로젝터로 띄워놓고 리스트 기능과 리포팅 기능을 사용하면 다음과 같은 사실을 평가하고 검증할 수 있다.

- A 씨는 현재 12건의 상담을 진행 중이다. 진행 상황을 수준별로 정렬하면 이렇게 된다.
- 12건 중에서 기회손실을 안고 있는 안건이 4건이다. 상담 후 처리 방식이 규정보다 3일 이상 지연되고 있다.
- 이 상태로 가면 상담 성공률은 25퍼센트로 떨어진다. 이 수치를 적용하면 영업팀 전체의 목표 달성률은 이렇게 된다.

또한 알람 기능을 사용하면 'SFA의 지시대로 행동했는지', '정해진 매니지먼트 규칙을 지켰는지'를 시각적으로 파악할 수 있다. 어떤 상담이 문제인지, 어떤 영업사원의 활동이 늦어지고 있는지, 상담으로 이어지는 확률이 높은 이벤트는 무엇인지 등 이러한 사실을 어떻게 해석하느냐에 따라 대책을 세울 수 있다.

SFA 데이터에서 개선안을 찾아라

예를 들어 상담이 지연되고 있는 안건이 있다면 상담 건수가 많아 일손이 부족한 상태인지를 확인할 수 있다.

'이 정도의 건수는 다른 사람들도 진행하고 있기 때문에 일손이 부족한 상태는 아니다'라고 확인할 수도 있다.

상담의 양이 많은 것으로 확인되면 다른 영업사원에게 넘기고,

일손이 부족한 상태가 아니라면 영업사원이 규칙대로 업무를 빠르게 처리할 수 있도록 매니저가 유도한다.

종이 자료는 원칙상 금지

SFA를 도입했다면 종이 자료는 원칙적으로 금지해야 한다. 종이 자료를 작성하면 SFA를 사용하지 않게 되기 때문이다.

교통비 정산 시스템과 같다. 교통비 정산 시스템을 사용하면 수기로 '지하철을 타고 ○○○에서 △△까지 □□원을 사용했습니다'라고 종이에 작성할 필요가 없다.

SFA를 올바로 운영하려면 종이로 작성하는 관리 자료와 회의 자료는 '제로'로 만들어야 한다. 처음에는 어색하게 느껴질 수 있지만 금방 적응될 것이다. 데이터를 일원화하면 SFA 시스템을 더욱 활용하고 싶어진다.

월급을 계좌이체가 아닌 현금으로 받고 싶다고 요청해도 회사에서는 원하는 대로 처리해주지 않는다. 마찬가지로 매니저가 '종이 자료가 아니면 파악하기 어렵다'고 말하면, 영업사원들은 자연스럽게 SFA를 사용하지 않게 된다. 매니저가 나서서 종이 자료를 원칙적으로 금지해야 한다.

제10장

계속
성장할 수 있는
환경에 머물러라

영업의 적성

1

당신에게 전문성을
묻지 않는 이유

영업직의 특수성

영업직을 부정적으로 생각하는 이유

내가 운영하는 어택스 그룹의 영업 컨설턴트는 매년 4월 영업팀에 배치된 신입사원을 대상으로 신입사원 연수를 진행한다.

내가 강사를 담당하던 시절, 연수 첫째 날에 항상 하던 질문이 있다.

"솔직히 말해보세요. 영업팀에 배치되었을 때 싫었던 사람 손

들어보세요."

이렇게 물으면 참가자의 90퍼센트가 손을 든다.

'개발자가 되고 싶어서 상품 제조사에 들어왔는데 영업팀에 배정됐다', '홍보팀이나 광고팀에서 프로모션 업무를 하고 싶었는데 영업팀에 배정됐다', '학교에서 전산회계를 배웠기 때문에 회계팀에서 일하고 싶었는데 영업팀에 배정됐다' 등 이유는 끝이 없다.

많은 연수 참가자들이 영업팀을 부정적으로 생각하는 이유는 영업이 어떤 일을 하는지 모르기 때문이다. 특별한 자격이나 능력, 전문 지식 없이도 할 수 있는 일이라고 생각하기 때문에 '왜 내가 아무나 할 수 있는 일을 해야 하는 건가'라며 불만을 느낀다.

'전공을 살려 일하고 싶어서', '내가 좋아하는 일을 하고 싶어서' 등의 이유로 회사에 들어왔지만 원하던 부서로 가지 못한 채, 다음과 같은 이야기를 듣고 영업팀에 배치된다.

"전문 지식을 살리고 싶은 마음은 충분히 이해합니다. 하지만 신입사원일 때 커뮤니케이션 기술을 익히고 고객의 니즈를 파악하는 경험을 해두는 것이 좋습니다. 이후에 다른 부서로 이동했을 때, 이동한 부서가 개발팀이건 회계팀이건 물류팀이건 현장 경험은 여러분에게 큰 도움이 될 것입니다. 고객을 모르면 무슨 일이든 완벽하게 해낼 수 없습니다."

회사에서 이런 말을 들으면 신입사원은 '알겠습니다'라고 대답할 수밖에 없다.

'이 사람 괜찮은 것 같은데' 싶은 인재를 채용

대학원에서 인공지능을 배운 사람, 공인회계사 자격을 취득한 사람, 정보처리 전문 교육을 수료한 사람, 디자인을 전공한 사람, 이공계 사람 모두 영업팀에 배치될 수 있다.

왜 영업팀에는 다양한 사람이 모이는 걸까? 영업직에는 다른 직종에 없는 특수성이 있다. 여기서 말하는 특수성이란 '학력, 경력, 전문성을 불문하고 누구나 시작이 같다'는 점이다.

고등학교, 전문대학, 대학교에서는 영업을 가르치지 않는다. 입사 시점의 신입사원들은 모두 같은 선상에 서 있는 상태로 사원 간의 차이가 없다. 전공을 따지지 않기 때문에 회사 입장에서는 채용하기 쉽고, 배정하기 쉽다. 따라서 '이 사람 괜찮은 것 같은데' 싶은 인재를 골라 영업팀에 배정한다. 이것이 영업의 특수성이다.

2

학력과 스펙보다
더 중요한 것

영업의 적성

영업에 맞는 적성은 무엇일까

나는 종종 경영인들에게서 다음과 같은 질문을 받는다.

"영업에 맞는 적성이 있다고 생각하세요?"

"다른 부서에서 영업팀으로 인원을 충원하고 싶은데요, 어떤 적성을 가진 사람을 발령하면 좋을까요?"

또는 영업사원에게서 이런 질문도 받는다.

"영업에 맞는 적성은 뭔가요? 저는 적성에 맞지 않는 것 같아요…."

이런 질문을 받으면 나는 이렇게 대답하곤 했다.

"영업에 맞는 적성은 없습니다. 성실하고 꾸준하게 하다 보면 누구든지 결과를 낼 수 있습니다. 영업 실적이 나쁜 이유는 적성과 성격의 문제가 아니라 영업사원의 자세에 문제가 있는 것입니다."

그런데 오랜 시간 현장에서 직접 부딪치며 일하면서 생각이 조금 바뀌었다. 하지만 영업은 적성을 묻지 않기 때문에 누구든지 결과를 낼 수 있다는 생각은 조금도 바뀌지 않았다. 더불어 다음의 스킬을 더하면 더욱더 좋은 결과를 낼 수 있다. 바로 '성격 스킬'이다.

《성격 스킬: 인생을 결정하는 다섯 가지 능력》라는 책에 의하면 스킬에는 '인지 스킬'과 '성격 스킬'이 있다.

인지 스킬은 학력으로 확인 가능한 똑똑함을 말한다. 한편 시험으로 측정할 수 없는 성격 스킬도 있기 때문에 심리학에서는 다섯 가지 요인으로 분류한다.

영업의 적성을 고려할 때 성격 스킬은 좋은 참고 자료다. 주어진 일만 하는 사람은 영업에 맞지 않는다. 고객에게 적극적으로 다가가기 위해서는 풍부한 상상력과 왕성한 호기심이 있어야 한다. 이것이 '개방성'이라 불리는 요인이다.

다섯 가지 성격 스킬

	정의	측면
개방성	새로운 미적, 문화적, 지적 경험에 개방적인 경향	호기심, 상상력, 심미안
성실성	계획성, 책임감, 근면성의 경향	자기 규제, 끈기, 열정
외향성	다른 분야의 일이나 사람에게 관심 을 보이는 경향	적극성, 사교성, 밝음
친화성	타인에게 협조적으로 행동하려는 경향	배려, 자상함
정서적 안정성	스트레스에 대처하는 경향	불안, 짜증, 충동이 적다

* 출처: 쓰루 고타로, 《성격 스킬: 인생을 결정하는 다섯 가지 능력》

실적을 올리기 위해서는 규칙을 지키고, 목표에서 역으로 계산하여 계획을 세우며, 자신을 규제할 수 있어야 하고, 끈기도 있어야 한다. 이것이 '성실성'이다.

또한 영업이라는 직업의 특성상 적극적이고 사교성이 높아야 한다. 이것이 '외향성'이다.

영업은 단독으로 하는 일이 아니기 때문에 타인을 배려할 줄 알아야 하며 협조적이어야 한다. 이것이 '친화성'이다.

마지막으로 '정서적 안정성'은 영업직에 뛰어들 때 가장 중요한 요인이다. 영업 활동은 불확실한 요소가 많으므로 불안과 짜증의 감정을 잘 다스릴 수 있어야 한다.

이 다섯 가지 성격 요소를 모두 갖춘 사람이 가장 좋겠지만 현실에서는 찾아보기 어렵다. 불완전하더라도 영업의 적성을 고려할 때는 학력을 나타내는 인지 스킬보다 성격 스킬을 최우선으로 생각해야 한다.

성격 스킬을 높이기 위해서는

영업에 적성이 있는지 고민하고 있다면 이 다섯 가지 요소를 살펴보길 바란다. 다섯 가지 요인은 기술이기 때문에 훈련을 통해 갈고닦을 수 있다. 다섯 가지 요인 중 최소한 한 가지는 갖고 있기 마련이다. 그러므로 정서적 안정성이 낮은 사람은 감정 조절 훈련을 반복하면 되고, 외향적이지 않은 사람은 다른 업계의 사람들과 만나거나 같은 취미를 가진 사람들이 모이는 모임에 참가해 적극성과 사교성을 갈고닦으면 도움이 된다.

사실은 나도 다른 업계 사람이나 나이 차가 많이 나는 사람과 만나는 자리를 힘들어했었다. 그러나 컨설턴트가 되어 다양한 만남의 기회를 만들어가다 보니 내향적인 성격이 조금씩 외향적으로 바뀌었다.

나중에 조금 더 자세히 이야기하겠지만, 영업사원 채용 담당자 혹은 영업직 경력이 없는 사람을 영업팀으로 이동시키려는 인사 담당자의 시점에서 보면 성격 스킬로 적성을 따지는 것이 합리적이라는 사실을 알 수 있다. 영업직 경력이 없더라도 다섯 가지 요소가 적절하게 섞여 있으면 영업사원으로서의 활약을 기대할 수 있다. 한편 경력이 있는 사람이라도 성실성과 친화성이 부족하면 영업팀 배치는 신중하게 생각해야 한다.

3

인재를
채용하고 싶다면

채용과 면접

영업직의 신입 채용

영업직의 신입 채용은 까다롭다. 앞에서 성격 스킬이 영업의 적성을 판단할 수 있는 좋은 기준이라고 이야기했지만, 신입 채용에는 적용하기 어렵다. 같은 회사에서 몇 년간 함께 일한 동료라면 성격 스킬을 파악할 수 있는 자료들이 있겠지만, 신입 채용의 경우 이력서와 면접만으로 성격 스킬을 판단하는 데 한계가 있기 때문이다.

그런데 많은 회사들이 그 부분을 제대로 이해하지 못하고 있다. '면접에서 또랑또랑하고 명료하게 대답하는 모습이 인상적이었다', '성격도 밝고, 웃는 모습이 보기 좋았다. 영업을 잘할 것 같은 느낌이다' 등 인상만으로 판단하는 채용 담당자가 많다.

면접에서는 긍정적이고 밝아 보였지만 막상 영업팀으로 뽑고 나니 불평불만만 늘어놓는 사람이 있는가 하면, 말만 그럴싸할 뿐 행동으로 옮기지 않는 사람도 많다. 무엇보다 영업 활동에는 스포츠처럼 인내심과 끈기가 필요하다.

사교성과 친화성은 물론이고 행동으로 옮기는지, 인내심이 강한지, 끈기가 있는지 지켜봐야 한다. 채용 당시의 느낌만으로 판단해서는 안 된다. 이 부분을 항상 기억해두지 않으면 '예상을 크게 빗나갔어…'라고 말하게 될 것이다.

성격 스킬을 갈고닦아라

학력, 지식, 기술을 보는 인지 스킬은 비교적 간단하게 말로 표현할 수 있다. 예를 들어 회계팀 사원을 채용한다면 회계 관련 자격증이 있거나, 회계사 공부를 했거나, 상업고등학교 회계과를 졸업한 사람을 채용하면 하나부터 열까지 가르치지 않아도 실전에 바로 투입할 수 있다. 회계 업무는 인지 스킬이 중요하다. 건설, 토목, IT 관련 분야도 마찬가지다. 인지 스킬 단계에서 스펙을 판별할 수 있는 직종이 많다.

그러나 영업의 적성을 측정하는 성격 스킬은 말로 표현하기 어렵다. 그래서 신입 채용 면접 때는 다섯 가지 요소와 관련된 질문을 해야 한다. 학창 시절의 생활 방식, 취미, 방과 후 활동, 어떤 연구를 했는가 등을 질문함으로써 그 사람이 가진 다섯 가지 요소(개방성, 성실성, 외향성, 친화성, 정서적 안정성)를 판단한다.

예를 들어 학창 시절 단체 운동을 했던 경험이 있으면 좋다. 고등학교와 대학교에서 야구나 럭비 종목의 주장을 맡았던 경험이 있다면 더욱 좋다. 단체 운동은 훈련이 엄격한 탓에 인내력, 끈기, 친화력이 길러진다. 그래서 예전부터 영업에서는 운동선수 출신을 뽑으라는 말이 있었다.

'경력 무관'은 착각

오랜 시간 영업 컨설턴트로 일하면서 대기업은 물론이고 중소기업에서도 영업사원을 채용할 때는 신규 채용보다 경력사원을 채용하는 것이 좋지 않을까라고 생각하게 되었다.

영업사원 채용 공고를 살펴보면 '경력 무관'이라는 표현을 자주 볼 수 있다. 채용에 대한 회사의 진지한 자세를 볼 수 없는 표현이다. '경력이 없어도 좋다'라는 표현은 영업을 진지하게 생각하지 않기 때문에 나온 것이다. 영업을 누구나 할 수 있다고 생각해서는 안 된다. 이런 회사는 영업사원 다섯 명을 충원하기 위해 경력이 없는 50명의 사원을 고용하는 것과 같다. 왜 50명을 고용하는 것이냐 하면, 실적을 내지 못했을 때 '사원이 먼저 사표를 쓸 것이다', '사원을 퇴사시킨다'라는 생각이 밑바탕에 깔려 있기 때문이다.

이런 식의 채용은 요즘 시대에 맞지 않는다. 채용 과정에서 '누구를 남기고, 누구를 떨어뜨릴 것인지'를 가려야지, 입사 후에 사람을 선별하려는 것은 잘못된 방식이다. 사람을 소중히 여기지 않는 회사는 영업을 이야기해서는 안 된다.

신규 채용보다 경력 채용을 우선

지원자가 회사에 도움이 될 것인가를 어떻게 판단해야 할까? 나는 성격 스킬을 바탕으로 '과거의 데이터'를 참고하는 방법을 추천한다.

채용 담당자가 꼭 기억해두길 바라는 문구가 있다. '계산할 수 있는가'이다. 프로야구에서 감독과 코치가 선수를 평가하는 말이기도 하다. '그는 계산할 수 있는 투수다', '이번 트레이드로 영입한 외야수는 계산할 수 있는 타자다'라는 말을 들어본 적이 있을 것이다. 이때 감독과 코치는 어떻게 '계산할 수 있는 선수'인지를 판단할 수 있을까?

예를 들어 드래프트 회의에서 고교야구 강타자를 1순위로 지명해서 획득했다 하더라도 '계산할 수 있는 타자'라고는 평가하지 않는다. 계산할 수 있다는 것은 신뢰할 수 있다는 의미다. 신뢰는 상대방에 대한 호감이나 취향으로 판단하는 것이 아니라 과거의 데이터를 참고해 결정한다.

"3년 전에는 13승, 2년 전에는 11승, 작년에는 14승을 기록했다. 3년 연속 10승 이상을 이어오고 있으니 올해도 최소한 10승, 잘하면 15승 정도는 할 것이다."

이처럼 정확한 과거의 데이터가 있기 때문에 계산할 수 있다. 기대할 수 있는 것과 계산할 수 있는 것은 다른 의미다.

"영업사원으로서 과거에 어떠한 실적을 남겼는가?"

"이력서에 데이터가 정확하게 적혀 있는가?"

"입사 후에 어떤 역할을 맡길 수 있는 사람인가? 계산할 수 있는 사람인가?"

이런 식으로 확인한다. 물론 신규 채용의 장점도 있다. 대기업이라면 채용한 후에 사원의 소질에 맞는 부서에 배치하면 된다.

그러나 중소기업은 채용한 사람이 영업직에 맞지 않는다고 해서 다른 부서로 재배치할 수는 없다. 영업 경력이 있고 결과를 남긴 인재를 찾아야 하는데 그러기 위해서는 채용 비용(시간적 노력도 포함)을 써야 한다.

채용의 선순환

좋은 인재를 채용한다
→ 실적이 좋아진다
→ 매력적인 회사가 된다
→ 매력적인 회사에 사람이 모인다

이러한 선순환을 만들어야 한다.

'경력 무관이기 때문에 누구나 괜찮다', '결과를 낸 영업사원만 남기면 된다'라는 방침으로 채용을 진행하면 회사의 매력도가 떨어진다. 짐 콜린스Jim Collins의 《좋은 기업을 넘어 위대한 기업으로》라는 책에 "누구를 버스에 태울 것인가?"라는 유명한 말이 나온다. 이것은 영업의 힘을 높이는 데 큰 도움이 되는 말이다.

버스에 태우지 말아야 할 사람을 채용하면 다음과 같은 악순환에 빠진다.

적당한 사람을 채용한다

→ 좋은 인재가 모이지 않는다

→ 실적이 떨어진다

→ 회사의 매력도가 떨어진다

→ 매력이 없기 때문에 사람이 모이지 않는다

인재 교육도 중요하지만 인재 교육만큼 채용에도 힘을 써야 한다.

헤드헌팅 컨설턴트를 적극적으로 활용하자

영업의 채용 조건은 까다롭다. 앞서 이야기했듯이 성격 스킬이 중요한 판단 요소이지만, 그것을 구분하는 일은 쉽지 않다. 과거 실적도 마찬가지다. 그래서 회사가 면접을 진행하기 전에 인재를 소개해주는 헤드헌팅 컨설턴트에게 채용을 의뢰하는 방법도 있다.

먼저 헤드헌팅 컨설턴트와 신뢰 관계를 구축한 다음에 적극적으로 '우리 회사에는 이런 영업사원이 필요하다'라고 말한다. 화려한 말솜씨로 거창하게 설명하지 않아도 된다. 과거의 데이터를 중요하게 여길 때에는 어떤 데이터를 중요하게 생각하는지 반드시 전달한다.

예를 들어 '신규 사업에서 3년 연속 목표를 달성했다', '우수영업상을 1회 이상 받았다' 등이 있다. 야구 선수 이야기를 예로 들었던 계산할 수 있는 인재인지를 채용 조건에 넣는다. 경험을 채용 조건에 넣어서는 안 된다. 예를 들어 '선발 투수 경험 필수'가 아니라 '선발 투수로서 150회 이상 투구를 던졌어야 함'이라고 해야 한다.

'이런 느낌의 사람이 필요합니다', '이런 유형의 영업사원을 원합니다'라고 헤드헌팅 컨설턴트에게 설명하면 '그러니까 이런 사람을 원하시는 거네요', '그렇다면 이런 분으로 소개해드릴게요'라는 답변이 돌아온다. 범위를 설정해놓은 다음 다양한 사람과 면접을 진행하다 보면 자신만의 감각을 갖게 된다.

채용의 틀은 정해져 있다. 적당한 사람을 채용하면 틀의 한쪽이 무너져, 영업 조직의 힘을 상실하게 된다. 시간을 들여 조직에 맞는 인재를 선택하고 채용해야 한다.

4

과거 경험과
실적이 중요하다

면접에서 가장 중요한 것

면접 질문

경력 채용 면접에서는 과거 실적을 파고들어야 한다.

이력서에 '동기 중에서 영업 실적 1위를 차지했습니다', '지점에서 1위를 차지했습니다', '4년 연속 신규 고객 유치 목표를 달성했습니다', '신규 사업 프로젝트에 참여해서 2년 만에 흑자로 만들었습니다'처럼 구체적인 실적을 적은 사람이라면 괜찮다. 그러나

'금융 서비스 관련 영업 경력 3년', '4년간 현장에서 영업 경험을 쌓았고 이후 과장으로서 3명의 부하 직원을 이끌었습니다' 정도의 내용만 적은 사람은 날카로운 눈으로 살펴야 한다. '나라는 상품'을 상대방에게 제대로 전달하지 못하는 사람일 가능성이 높기 때문이다. 회사에 여유가 있으면 몰라도 실적이 없는 사람(실적이 적혀 있지 않은 사람)을 채용해서는 안 된다.

채용 면접에서 이력서에 적혀 있는 실적이 사실인지, 사실이라면 정말로 그만큼의 실적을 낼 능력이 있는 사람인지 판별하기 위해서는 어떻게 해야 할까? 이를테면 "이렇게 뛰어난 실적을 남겼는데 구체적인 방법을 설명해주시겠어요?"라고 물어본다. 2, 3년의 짧은 경력 안에서도 자신만의 영업 노하우를 만드는 사람이 있다. 노하우를 잘 설명하는 사람은 이후에 매니저로서 활약할 가능성이 크다. 설명하지 못하는 사람은 매니저보다는 영업사원에 적합할 것이다.

면접을 진행할 때는 구체적인 질문을 통해 상대방의 특성을 발견해야 한다. 예를 들어 다음과 같은 질문이다.

- 평소에 고객을 어떤 식으로 찾는가?
- 핵심 인물을 어떻게 특정하는가?
- 고객과 만날 때 무엇을 준비하는가?
- 고객의 니즈를 파악하기 위해서 어떤 질문을 하는가?

- (만약 판촉 이벤트를 진행할 경우) 판촉 이벤트는 어떤 식으로 준비하는가?
- 이벤트 종료 후 고객 관리는 어떻게 하는가?

이런 질문을 했을 때 상대방이 명료하게 대답하지 못한다면 주의해야 한다. 이력서에 '결과를 냈다'고 적혀 있어도 단순히 운이 좋아서 거래가 이루어졌을지도 모른다. 이런 경우에는 자신의 실력이 아니었을 가능성이 크다.

대화가 잘 통하는가

영업은 고객과 대화가 통하지 않으면 관계를 구축할 수 없다. 그래서 대화가 잘 통하는 것이 중요하다. 질문했을 때 질문에 대한 대답을 확실하게 하는지 반드시 확인한다. "질문에 대한 답변이 될지는 모르겠지만…."이라고 말하는 사람이나 대화 도중에 본인이 하고 싶은 말만 하는 사람은 특히 주의해야 한다(단, "꼭 하고 싶은 말이 있는데 해도 될까요?"라고 사전에 양해를 구한 경우라면 괜찮다).

면접관 선정

채용 면접관은 반드시 영업을 해본 경험이 있고 성격 스킬이 높으며 실적이 있는 사람을 선정한다. 면접 때는 상대방의 인지 스킬을 보는 것이 아니기 때문에 인사팀 채용 담당자에게 모든 것을 맡겨서는 안 된다.

일반적으로 영업을 잘하는 사람은 영업을 할 수 있는 사람과 하지 못하는 사람을 구분할 수 있다. 영업을 잘하지 못하는 사람은 구분하지 못한다. 즉 영업을 해본 적은 있지만 실적을 내지 못한 사람은 채용 면접에서 상대방을 제대로 파악할 수 없다.

또한 대화가 잘 통하는지 확인해야 하는 자리이기 때문에 면접관도 대화가 잘 통하는 사람이어야 한다. 이야기의 논점에서 벗어나 엉뚱한 방향으로 흘러가는 사람은 면접관에 맞지 않는다.

면접관은 상대방이 무엇을 이야기하는지 바로 요약할 수 있는 사람에게 맡겨야 한다.

대표적인 질문

채용 면접에서 자주 하는 질문을 소개하겠다. 면접관은 최소한 다음과 같은 질문을 준비해야 한다.

① 자기소개

"자기소개 부탁드립니다."

"자신을 PR해보세요."

가장 기본적인 질문으로 사전에 면접을 준비했는지 확인할 수 있다. 예상 가능한 질문조차 깔끔하게 답변하지 못한다면 탈락이다. 준비하지 않는 사람은 영업에 맞지 않는다.

또한 알기 쉽게 자신을 PR하는지도 확인한다. 나라는 상품을 잘 팔 수 있는 사람이거나 요점만 꼭 집어 말하는 사람이 좋다.

② 이직 사유

"이직하는 이유를 알려주세요."

경력사원 채용의 경우 이직 사유를 묻는다. 이것도 기본적인 질문이기 때문에 사전에 준비했는지 확인한다.

이직 이유를 묻고 겉만 번지르르한 말투가 아닌지도 살펴본다. 만약 본심을 감추더라도 상대방이 알아챌 수 있는 말투를 사용해서는 안 된다. 영업은 속마음을 읽히지 않을 정도의 강인함이 필요하기 때문이다.

③ 지원 동기

"왜 우리 회사를 선택했는지, 지원 동기를 알려주세요."

이직 사유를 무난하게 통과했어도 지원 동기에서 걸리는 사람이 의외로 많다. 이직 사유는 어느 회사를 지원하든 같은 내용으로 대답할 수 있지만, 지원 동기는 지원한 회사에 맞게 준비해야 하기 때문이다. 여기서 정보의 수집 능력을 시험한다.

지원자의 답변 내용에서 '우리 회사에 대해서 많이 알아봤군'이라는 인상을 받았다면 합격이다.

④ 전 직장에서의 실적

"이력서에는 신규 사업 프로젝트에 참여해서 2년 만에 흑자로 만들었다고 적혀 있는데, 자세하게 설명해주시겠어요?"

전 직장에서 함께 일한 동료나 제품, 고객 등 여러 가지 좋은 환경 덕분에 실적을 낸 것인지, 자신의 노력으로 성공했는지 자세히 살펴본다. 면접관이 다양한 영업 현장에서 일해본 경험이 있다면 상대방의 말에서 진실을 파악할 수 있다.

⑤ 경험과 스킬

"우리 회사에 입사하면 어떤 경험과 스킬을 살릴 건가요?"

지원 동기와 마찬가지로 지원한 회사에 대해서 알아보지 않으면 대답할 수 없는 질문이다. 여기서도 정보의 수집 능력을 알 수 있다.

"전 직장에서는 고객의 니즈를 바탕으로 제안서를 작성하는 등 언제나 아이디어를 떠올리는 데 중점을 두고 일했습니다. 입사하게 된다면 그런 자세로 최선을 다하겠습니다."

이런 무난한 답변으로는 부족하다. 어느 회사에서나 대답할 수 있는 내용이기 때문이다.

"헤드헌팅업체의 컨설턴트로부터 귀사에서는 웹사이트와 연동한 마케팅 활동을 진행한다고 들었습니다. 홈페이지를 살펴보는 도중에 몇 가지 아이디어가 떠올랐습니다. 전 직장이었던 광고사에서 사이트 개선 및 검색 연동형 광고 영업에 힘을 쏟아왔습니다. 저의 지식과 경험을 살릴 수 있다고 확신합니다."

이렇게 말하는 사람은 합격이다. 실제로 경험을 살릴 수 있는지는 차치하고 입사할 회사에 대해 알아보았다는 사실을 확인할 수 있기 때문이다.

⑥ 인내력과 끈기

"지금까지 어려운 일이 닥쳤을 때 어떤 식으로 극복했습니까?"

신규 채용에서도 하는 질문이다. 과거에 얼마나 큰 벽에 부딪혔고, 그것을 어떻게 뛰어넘었는지를 알면 인내력과 끈기를 알 수 있다.

"중학교부터 대학교까지 관악부 활동을 했고, 고등학교 때는 부장을 맡았습니다. 그런데 제가 부장이 된 해에 10년 연속으로 참가해왔던 콩쿠르에서 예선 탈락이라는 시련을 맛보았습니다. 그때가 가장 힘들었습니다. 하지만 저는 포기하지 않았습니다. 다시 팀원들을 모아 주말에도 학교에 모여 연습을 계속했고, 가을에 열린 대회에서 준우승을 차지했습니다."

힘들었던 경험뿐만 아니라 그것을 어떻게 뛰어넘었는지를 확인한다.

⑦ 회사에 관한 질문

"마지막으로 우리 회사에 대해 궁금한 점이 있으면 물어보세요."

매우 기본적인 질문이다. 흔한 질문이지만 "특별히 없습니다." 라고 대답하거나 그 자리에서 바로 대답하지 못하고 머뭇거린다면 불합격이다.

"사내 교육에 대해서 궁금한 점이 있습니다. 어떤 교육제도가 있는지 알고 싶습니다."

이 정도는 괜찮다. 입사 후 자신이 어떻게 활약할 수 있는지에 대한 실마리를 찾을 수 있는 질문이면 더욱 좋다.

"야근은 많나요?" "부업을 해도 괜찮나요?" "회사 분위기는 보수적인가요?" 같은 질문은 자신만을 생각한다는 근거다. 영업사원에게 꼭 필요한 '고객 시점'이 부족할 가능성이 있다.

채용 면접에서 꼭 확인해야 할 사항은 면접을 얼마나 준비했느냐다. '될 대로 돼라' 식으로 면접을 보는 사람은 아무리 인상이 좋고 말을 잘해도 영업이 적성에 맞지 않을 수 있다.

스킬과 재능은 없어도 된다. 문제의식이 높고 낮은 것도 상관없다. 면접을 준비하는 과정에서 자신이 해야 할 일을 게을리했다는 것은 취업 활동에 열정이 없다는 것이다. 우수한 사람은 만반의 준비를 해 온다. 다소 서툴더라도 목적을 위해 계획을 세웠는지, 정보를 수집했는지를 확인해야 한다.

모르는 사람 앞에서 긴장하거나 이야기를 잘하지 못해도 사회인이 되어 영업사원으로 일하다 보면 언젠가 익숙해지는 날이 온다. 커뮤니케이션 능력은 조금 떨어지더라도 훈련을 통해 극복할 수 있다. 그러나 성격 스킬의 '성실성' 정도는 입사 전에 준비해야 한다.

5

자신의 색깔을
더하라

이직하는 법

취업, 이직 활동은 영업 활동과 같다

취업과 이직은 '나'라는 상품을 판매하는 영업 활동이다. 고교입시
나 대학입시보다 100배 이상 중요한 인생의 이벤트다.

　'채용 조건만 보고 이력서를 쓰는 사람', '다른 회사에도 같은
내용을 보내는 사람' 등 이력서를 대충 쓰는 사람은 좋은 회사에
채용되지 않는다. 계산해보면 알겠지만, 인생의 대부분은 일하는

시간이 차지한다. 학교에서 보내는 시간보다 훨씬 길다. 당신의 인생을 걸고 취업 활동에 뛰어들어야 한다.

취업 활동, 이직 활동을 '영업 활동'이라고 생각하면 이해하기 쉽다. 영업의 정의를 다시 한번 떠올려보자. 영업이란 고객의 이익을 지원하고 정당한 대가를 받는 일이다. 고객의 니즈를 무시하고 일방적으로 팔고 싶은 상품을 제안해서는 판매할 수 없다. 프로덕트 아웃 판매에 지나지 않기 때문이다.

또한 단순한 '주문 영업' 방식의 영업을 해서도 안 된다. '새로운 사무실로 이전하면서 컴퓨터를 열 대 구입하겠다'고 말하는 고객에게 '컴퓨터 열 대'의 견적서만 보내는 영업이 주문 영업이다. 이 일에는 부가가치가 없기 때문에 '안 되는 영업'으로 구분된다.

판매 영업이나 주문 영업이 아니라 '나'라는 상품을 상대방의 니즈에 맞춰 제안해야 한다.

지원한 회사를 고객이라고 생각하고, 회사가 어떤 업계에 속해 있는지, 주요 사업이 무엇인지, 어떤 수익 구조로 사업을 이끌어가고 있는지 조사한다. 그리고 채용 조건에 적혀 있는 내용 외에도 회사에 대해 연구하고 역으로 계산해서 자신의 무엇을 어필할 수 있는지 생각한다.

헤드헌팅업체를 활용하면 좋다. 여러 차례 만남을 통해 신뢰 관계를 구축하고 다양한 정보를 얻는다. 서두르지 않는 것이 중요하다. 이 부분도 영업 활동과 닮아 있다.

자신을 PR하는 법

예를 들어 면접관으로부터 "자신의 장점을 이야기해보세요."라는 질문을 받았을 때, 다음과 같이 대답하면 면접관은 어떻게 생각할까?

"전 직장에서는 ○○이라는 영업 활동을 했고, 신규 고객 유치가 특기입니다."

"고객의 입장에 서서 끈기 있게 교섭할 자신이 있습니다."

이런 대답은 1차원적인 답변에 불과하다. 상대방의 니즈와 관계없기 때문이다. 자기 PR을 할 때는 상대방의 의도를 파악한 후 자신만의 특색을 이야기해야 한다.

"미리 회사의 홈페이지를 살펴보았는데 새로운 사업을 시작하는 걸 확인했습니다. 만약 제가 입사하게 된다면 지금까지 해왔던 신규 고객 유치의 노하우를 살려서 일하고 싶습니다. 전 직장에서는 신규 고객을 유치하기 위해 먼저 고객과의 관계를 구축한 다음 고객 회사의 조직도를 입수했습니다. 조직도를 완벽하게 머릿속에 넣은 후 핵심 인물이 누구인지, 결재권을 가진 사람이 누구인지, 누가 영향력을 가지고 있는지 파악했습니다. 조직과의 관계 구축에 주력하며 실적을 쌓아갔습니다. 이전의 경험과 노하우를 살려 열심히 하겠습니다."

이렇게 대답한다면 면접관은 '우리 회사에 대해서 자세히 알아봤군', '생각하면서 일하는 사람이네'라는 인상을 받게 된다.

지금 시대는 단순히 상품만 소개하는 영업사원을 필요로 하지 않는다. 상품을 고객에게 소개하는 것은 영업사원의 일이 아니라 인터넷의 일이다. 영업사원에게 필요한 것은 고객과의 관계를 구축하고, 고객의 잠재적 니즈를 파악한 다음 알맞게 제안하는 능력이다. 그리고 그 능력은 취업 활동, 이직 활동에서도 필요하다.

시장가치를 깨달아라

지금까지의 내용을 읽고 '그렇게까지 해야 하는가'라고 받아들이는 사람은 이직을 생각하지 않는 편이 좋다. 자신의 시장가치를 적절하게 평가하지 못하기 때문이다.

입사하고 싶은 회사가 '이 사람은 우리 회사가 원하는 인재다'라고 생각할 수 있게 자신의 가치를 높인 후에 이직하길 바란다.

나는 '현장에서 목표를 달성시키는 영업 컨설턴트'로서 15년간 고객 기업을 지원해왔다.

그런 내가 사실은 영업 컨설턴트를 시작하기 전에 영업직으로 일한 경험이 없다. 실무 경험이 없는 상태에서 영업 컨설턴트가 되었기 때문에 당시 출간되었던 영업 관련 책들을 손에 잡히는 대로 읽은 기억이 있다. 제목에 영업이 들어가는 책은 물론이고 영업에 관련된 책이라면 가리지 않고 전부 읽었다. 그런 자세는 15년이 지난 지금도 변함이 없다.

1980년대에 출간된 책까지 읽고 나서(나도 집필하고, 많은 출판사 관계자와 의견을 나눠가며) 깨달은 것은 영업을 체계적으로 정리한 책이 한 권도 없다는 사실이었다. 경영, 회계, 인사, 마케팅 분야의 책은 있어도 영업은 없었다.

그러나 일본의 취업자 수 6,530만 명 중 13퍼센트 이상을 차지하는 영업직을 위한 기본서가 지금까지 출간된 적이 없다. 영업 컨설턴트로서 그리고 연구자의 시선으로 영업의 기본을 정리한다는 생각으로 이 책을 집필했다.

보험, 자동차, IT, 주택, 소매, 건설, 인재 파견… 등 하나의 영업 방식이 아니라 처음부터 영업 컨설턴트로서 영업 전체를 객관적인 입장에서 바라봤기 때문에 가능한 일이었다.

그리고 그것은 내가 운영하는 회사에서는 2019년부터 민간기업 영업·판매 종사자의 행동, 의식, 매니지먼트, 교육 기회의 현재 상태와 과제를 파악하려는 목적으로 실시해온 '일본의 영업 실태 조사' 덕분에 가능할 수 있었다. 영업직에 관련한 모든 실태를 파악하는 한편 앞으로도 꾸준히 과제를 제기하려고 한다.

이 책이 모든 영업·판매 종사자에게 조금이라도 도움이 되길 바란다.

옮긴이 **김은혜**

평범한 직장생활을 하다 원서를 집요하게 파고드는 일본어 번역의 매력에 빠져 번역 세계에 들어오게 되었
다. 글밥 아카데미 수료 후 바른번역 소속 번역가로 활동 중이다. 역서로는 《뱃살이 쏙 빠지는 식사법》, 《바빌
론 부자들의 돈 버는 지혜》, 《곁에 두고 보는 자수 노트》, 《나의 첫 불렛저널》, 《모세혈관, 건강의 핵심 젊음의
비결》, 《로봇 시대에 불시착한 문과형 인간》, 《천연약》 등이 있다.

1등은 당신처럼 팔지 않는다

초판 1쇄 발행 · 2022년 5월 6일
초판 2쇄 발행 · 2022년 7월 1일

지은이 · 요코야마 노부히로
옮긴이 · 김은혜
발행인 · 이종원
발행처 · (주) 도서출판 길벗
브랜드 · 더퀘스트
주소 · 서울시 마포구 월드컵로 10길 56 (서교동)
대표전화 · 02) 332-0931 | **팩스** · 02) 322-0586
출판사 등록일 · 1990년 12월 24일
홈페이지 · www.gilbut.co.kr | **이메일** · gilbut@gilbut.co.kr

기획 및 편집 · 송은경(eun3850@gilbut.co.kr), 유예진, 정아영, 오수영 | **제작** · 이준호, 손일순, 이진혁
마케팅 · 정경원, 최명주, 김도현, 김진영, 장세진 | **영업관리** · 김명자 | **독자지원** · 윤정아

디자인 · studio forb | **교정교열** · 박나래
CTP 출력 및 인쇄 · 금강인쇄 | **제본** · 금강제본

ISBN 979-11-6521-948-2 03320
(길벗 도서번호 090156)

정가 17,500원